1939

Ein guter Jahrgang

des Friedens · D

Weltkrieg · Neue

Sehnsüchte · Ei

nn · Nachkriegs

e wilden 50er ·

Kinder des

Weg in den Welt

den und alte Se

und Neubegin

heit • Meie wild

50er • Kinder de

des Friedens • D

Weltkrieg • Neue

Sehnsüchte • E

nn • Nachkriegs

wilden 50er • I

s, Kinder des Fr

g in den Weltkr

alte Sehnsüch

Günter Heuberg

1939
Ein guter Jahrgang

Weltbild

Inhalt

Historisches

Seite 5

Meine Geschichte

Seite 33

Kinder des Krieges, Kinder des Friedens

Liebe Leserin und lieber Leser
des Jahrgangs 1939,

wir wurden hineingeboren in das Jahr, in dem der Zweite Weltkrieg begann, und mit ihm, seinem Ende und dem Übergang zum Frieden sind unsere ersten Erinnerungen verknüpft. Vieles aus unserem frühesten persönlichen Erfahrungsschatz ist im Laufe der Jahre und Jahrzehnte verschüttet worden, manches lebt nur im Unbewussten fort. Was hat uns in unseren frühen Jahren geprägt, welche Erfahrungen haben wir gemacht und wie verlässlich ist unsere Erinnerung daran? Dieses Buch soll Ihnen in Text und Bild mannigfache Anregungen für die eigene Rückschau geben: Wie ist das gewesen damals, in den Bombennächten, beim Spielen in den Trümmergrundstücken, beim Büffeln in der Volksschule, beim ersten Kuss? Wie sah der geliebte Radioapparat aus, was kam sonntags auf den Familientisch und was lasen wir nachts unter der Bettdecke?

Zu erzählen ist von der »großen« und der »kleinen« Geschichte unseres Jahrgangs 1939. Die »große« Geschichte, das sind entscheidende Situationen oder interessante Ereignisse aus unserem Geburtsjahr, sei es in Politik, Technik, Sport oder Kultur. Politisch ist das Jahr 1939 ganz geprägt vom Beginn des Zweiten Weltkriegs, aber der Blick geht im ersten

Teil dieses Buches auch zu unbelasteten Ereignissen, zur Premiere eines monumentalen Films, zum Endspiel einer Fußballmeisterschaft oder zur Geburtsstunde eines berühmten Industriekonzerns. Das alles gehört zu diesem Jahr, in das wir hineingeboren wurden.

Um die »große« Geschichte, die unsere Lebensumwelt geprägt hat, wird es im ersten Teil diese Buches gehen; im zweiten Teil werde ich Ihnen *meine* Geschichten erzählen: Erinnerungsbilder aus Kindheit und Jugend, die – das liegt in der Natur der Sache – sehr persönlich gehalten sind, die aber doch den zeittypischen Duft und die Farben unserer frühen Jahre tragen. Jedes Schicksal ist ein anderes, und dennoch sind wir, zumindest wenn wir im selben Teil Deutschlands aufwuchsen, in derselben Lebenswelt groß geworden und teilen viele Erfahrungen. Beim Lesen werden Sie wohl häufig sagen: »Ja, genau so war es!« und ebenso: »Ja, aber bei mir war es folgendermaßen …«, um dann den eigenen Erinnerungsfaden auszuspinnen.

Ich wünsche Ihnen viel Freude bei dieser Zeitreise ins Jahr 1939 und in die darauffolgenden beiden Jahrzehnte, zu den gemeinsamen Wurzeln unseres »guten Jahrgangs«.

Ihr
Günter Heuberg

Historisches

Was in unserem Geburtsjahr passierte, hat die Welt beeinflusst, in der wir aufgewachsen sind. Neben den weltpolitischen Ereignissen hinterließ auch scheinbar Nebensächliches seine Spuren.

Der Weg in den Weltkrieg

1939 – die Menschen erleben die letzten Friedensmonate, bevor mit dem deutschen Überfall auf Polen am 1. September der Zweite Weltkrieg ausgelöst wird. Doch schon lange ist der Frieden vergiftet. Die internationalen Krisen spitzen sich in der ersten Jahreshälfte zu, und es kann keinen Zweifel mehr daran geben, dass Hitlers Expansionspolitik zum Krieg zwischen den europäischen Mächten führen wird.

Am Ende des Jahres 1939 hat das Deutsche Reich seinen Machtbereich weit über die alten Reichsgrenzen hinaus nach Osteuropa ausgedehnt und in der Tschechoslowakei wie in Polen ein Terrorregime errichtet. Im folgenden Jahr wird die deutsche Armee auch Frankreich erobern und den größten Teil des europäischen Kontinents. Zwei Jahre lang scheint es, als sei die deutsche Militärmaschinerie unbesiegbar. Zwei Jahre auch ist Hitler auf dem Höhepunkt seiner Popularität in Deutschland. Dann beginnt im Jahr 1941 mit dem Vernichtungsfeldzug gegen die Sowjetunion und dem Kriegseintritt der Vereinigten Staaten der lange Weg in den Untergang. Am Ende dieses Weges werden viele Millionen Opfer zu beklagen sein, verwüstete Länder und ungeheure Verbrechen. Im Mai 1945, als der Krieg

Hakenkreuze flankieren die tschechische Flagge, während deutsche Soldaten über den Wenzelsplatz im Herzen von Prag marschieren: Symbole der Eingliederung der tschechischen Republik in Hitlers Großdeutsches Reich.

endlich zu Ende geht, ist Deutschland nicht nur militärisch und materiell, sondern vor allem moralisch vernichtet. Und doch werden die Deutschen bald darauf die Chance zum Neuanfang erhalten.

Hitler auf dem Hradschin

Noch bei dem Einmarsch in die zuvor tschechischen Sudetengebiete im Oktober 1938 hatte Hitler verkündet, dass nun alle territorialen Forderungen des Deutschen Reichs erfüllt seien. Die britischen und französischen »Appeasement«-Politiker Chamberlain und Daladier meinten, den Frieden in Europa bewahren zu können, wenn sie Hitler diese »letzte« Forderung erfüllten.

Der Friede aber ist längst verloren, denn der brutale Expansionswille der nationalsozialistischen Führung ist mit Diplomatie und politischem Entgegenkommen nicht mehr einzudämmen. Nach der erfolgreichen Angliederung des mehrheitlich deutsch besiedelten Sudetengebiets leitet Hitler sofort den nächsten Annexionsschritt ein, und dieses Mal lässt sich das Vorgehen nicht mehr mit Propagandalügen von »völkischer Selbstbestimmung« und legitimer »Heimholung ins Reich« bemänteln. Das nationalsozialistische Deutschland zeigt die hässliche Fratze des Usurpators, als es am 16. März 1939 in den bis dahin noch nicht besetzten Teil der tschechischen Republik einmar-

Eine Ehrenformation hat für Hitler vor dem Hradschin, dem Prager Schloss, Aufstellung genommen, als er die besetzte Stadt besucht.

schiert und daraus das »Reichsprotektorat Böhmen und Mähren« macht. Über dem Hradschin in Prag weht die Hakenkreuzfahne.

Wie planmäßig Hitler die Situation eskalieren ließ, zeigt sich schon daran, dass er bereits drei Wochen nach dem Münchner Abkommen die Wehrmacht auffordert, sich für einen Einmarsch in Prag bereitzuhalten. In den folgenden Monaten nutzt Hitler dann die Konflikte zwischen Tschechen und Slowaken und erreicht am Ende durch massiven Druck, dass die Slowakei ihre Unabhängigkeit erklärt – selbstverständlich als Vasallenstaat des Deutschen Reichs. Schon einen Tag

Die Staatsmänner beim friedlichen Feiern – die Karikatur blieb ein ebenso frommer Wunsch wie das Appeasement (Beschwichtigung).

Münchner Abkommen

Aus der Erbmasse der Donaumonarchie hatte sich die Tschechoslowakei gegründet, in der die deutschstämmige Bevölkerung zur Minderheit wurde. Rund drei Millionen Sudetendeutsche lebten in den äußeren Bezirken Tschechiens und Mährens. Gleich nach dem »Anschluss« Österreichs an das Deutsche Reich im März 1938 propagierte Hitler, die »Sudetenfrage« im Sinne »völkischer Selbstbestimmung« zu regeln, das hieß: durch territoriale Neuordnung. Als die Krise im Sommer 1938 eskalierte, trafen auf Einladung des italienischen Diktators Mussolini am 29. September 1938 der britische Premierminister Chamberlain und der französische Ministerpräsident Daladier mit Hitler in München zusammen. Um den Frieden zu retten, stimmten die Westmächte im Zuge der »Appeasement«-Politik der Abtretung der Sudetengebiete an das Deutsche Reich im sogenannten »Münchner Abkommen« zu. Der betroffene Staat, die Tschechoslowakei, war gar nicht erst eingeladen worden.

später zitiert Hitler den tschechischen Staatspräsidenten und dessen Außenminister nach Berlin und erpresst sie mit der Androhung, den tschechischen Reststaat zu besetzen und Prag zu bombardieren. Ihre erzwungene Unterschrift unter einen »Protektoratsvertrag«, mit dem sie ihr Land »vertrauensvoll in die Hände des Führers des Deutschen Reiches« legen, besiegelt das Schicksal der ersten tschechischen Republik.

Mit den deutschen Wehrmachtstruppen kommen auch die Gestapo und die SS. Die ersten Opfer sind Tausende deutsche Emigranten, die nach Prag geflüchtet waren, dann die tschechischen Widerstandskämpfer und die jüdische Bevölkerung, die in den Kriegsjahren ins KZ Theresienstadt und von dort nach Auschwitz deportiert wird. Hunderttausende Tschechen leisten Fronarbeit für die deutsche Rüstungsindustrie. Mehr als sechs lange Jahre wird das Terrorregime dauern.

Der Einmarsch in Prag im März 1939 war ein Bruch mit dem noch jungen Münchner Abkommen, und er war ein Bruch mit dem Völkerrecht. Aber Großbritannien und Frankreich, die noch ein halbes Jahr zuvor feierliche Garantieerklärungen für die Tschechoslowakei abgegeben hatten, belassen es bei verbalen Protesten, statt militärisch einzugreifen. Hitler kann die nächste Eskalationsstufe planen, den Überfall auf Polen, mit dem er ein knappes halbes Jahr später den Zweiten Weltkrieg auslösen wird.

Die Generalprobe für den großen Krieg

Noch bevor er den Zweiten Weltkrieg auslöst, feiert Hitler seinen ersten militärischen Sieg. Als am 28. März 1939 Francos Truppen nach fast drei Jahren Bürgerkrieg kampflos in die spanische Hauptstadt Madrid einmarschieren, ist es nicht nur der selbst ernannte »Caudillo« – der spanische »Führer« –, der triumphiert, sondern auch Hitler, dessen Soldaten die Generalprobe auf den großen kommenden Krieg erfolgreich abgeschlossen haben.

Vor allem die »junge Luftwaffe« des Deutschen Reichs, so sagt es später Göring vor dem Nürnberger Gerichtshof, sollte in Spanien erprobt werden. Am 6. April 1939 ehrt Hitler in Berlin die 20 000 Soldaten der »Legion Condor«, die er zur Unterstützung des Putschistengenerals Franco nach Spanien geschickt hatte. Sie haben in allen wichtigen Schlachten des Spanischen Bürgerkriegs eingegriffen und entscheidenden Anteil daran gehabt, dass die republikanische Regierung ihren Kampf gegen die Faschisten am Ende verliert.

Am 17. Juli 1936 hatte der reaktionäre General Francisco Franco von den marokkanischen Kolonien Spaniens aus geputscht. Der Staatsstreich richtet sich gegen eine noch ungefestigte Republik und eine demokratisch

Die sogenannte nationalspanische – also nicht republikanische, sondern dem Putschistengeneral und künftigen Diktator Franco (1892–1975) anhängende – Infanterie paradiert beim Einmarsch in Madrid an Francos Tribüne vorbei.

Soldaten der internationalen Brigaden marschieren durch Barcelona. Die katalonische Metropole war lange Zeit eine der Hochburgen der Republikaner. Ihre Eroberung durch Franco-Truppen am 26. Januar 1939 besiegelte den Ausgang des Krieges.

gewählte Volksfrontregierung aus Sozialisten, Kommunisten und Liberalen, die sich gegen eine unheilige Allianz aus Antirepublikanern, Monarchisten, konservativem Klerus und Faschisten behaupten muss. Es sind die zentralen ideologischen Frontlinien der Epoche, die hier aufeinandertreffen. Im ersten Anlauf gewinnen Francos Truppen einige spanische Provinzen, können sich aber in den politisch und wirtschaftlich zentralen Regionen zunächst nicht durchsetzen. Es folgt ein mörderischer Bürgerkrieg, der bis 1939 mehr als 600 000 Todesopfer fordern wird und mit der Niederlage der republikanischen Seite endet.

Die Bürgerkriegsparteien erfahren sehr ungleiche Unterstützung durch das Ausland. Fast alle europäischen Staaten erklären zwar nach dem Putsch Francos ihre Neutralität, doch nur Großbritannien und Frankreich halten sich wirklich strikt daran. Dagegen werden die Aufständischen von Anfang an – wenn auch inoffiziell – durch das faschistische Italien und Nazideutschland massiv unterstützt, mit Truppen, Beratern und Waffen. Die Volksfrontregierung kann sich dagegen als Bündnispartner nur auf die Sowjetunion verlassen, die bis 1938 Waffen liefert, und auf die »Internationalen Brigaden«, Freiwilligenverbände aus vielen europäischen Ländern und den USA. Insgesamt 40 000 überzeugte Antifaschisten kämpfen in diesen Einheiten für die Sache der Republik und der Volksfront, unter ihnen Schriftsteller wie George Orwell und Ernest Hemingway. Willy Brandt ist als Beobachter dabei.

Als »Freiwillige« werden auch die Wehrmachtssoldaten der »Legion Condor« deklariert. Die meisten reisen als »Urlauber« in Zivilkleidung nach Spanien ein und werden erst dort mit Uniformen ohne Hoheitsabzeichen ausgestattet. Bald fliegen sie die modernsten deutschen Kampfflugzeuge, denen die Luftgeschwader der Republik nicht gewachsen sind. Dabei werden auch zivile Ziele bombardiert. Traurige Berühmtheit erlangt die Zerstörung der baskischen Stadt Gernika am 26. April 1937, bei der 2000 Einwohner getötet werden. Auch dies ist ein »Testfall« für den Weltkrieg.

Falsche Freunde

Deutscher Nationalsozialismus und sowjetischer Kommunismus, das waren unversöhnliche politische Ideologien, die sich erbittert bekämpften. Und doch schließen Hitler und Stalin am 23. August 1939 einen Nichtangriffspakt, mit dem sie nicht nur die anderen europäischen Mächte, sondern auch ihre Anhänger überraschen und – im Falle Stalins – brüskieren. Niemand hätte damit gerechnet, dass sich ausgerechnet diese beiden Staaten in der internationalen Krisensituation des Sommers 1939 einander annähern. Und niemand ahnt zunächst, wie weitreichend diese Übereinkunft tatsächlich ist, regelt ein geheimes Zusatzprotokoll doch die Abgrenzung der Interessensphären zwischen Deutschland und der Sowjetunion in

Pablo Picassos *Guernica*

Der verheerende Luftangriff auf den baskischen Ort Gernika durch die deutsche »Legion Condor« wurde Anlass für eines der berühmtesten Gemälde der modernen Kunst: *Guernica* von Pablo Picasso. Er malte es im Auftrag der legitimen spanischen Regierung für den Pavillon der Pariser Weltausstellung 1937. Mit seiner kubistisch-zersplitterten Darstellung der sterbenden und leidenden Kreatur ist das monumentale Werk bis heute ein herausragendes künstlerisches Manifest gegen den Krieg. Picasso vermachte das Bild nach dem Bürgerkrieg einer zukünftigen spanischen Republik. Erst 1981 – nach dem Tod Francos und dem Ende der langen Diktatur – wurde es von New York nach Spanien gebracht und bildet heute das Zentrum des Museums Reina Sofía in Madrid.

Beinahe acht Meter breit und mehr als drei Meter hoch ist Picassos Gemälde, von dem hier ein Ausschnitt zu sehen ist.

Außenminister Molotow unterzeichnet den Nichtangriffspakt. Ganz links steht sein deutscher Amtskollege Joachim von Ribbentrop.

Osteuropa. Für Hitler ist damit die Gefahr eines Zweifrontenkrieges abgewendet, als er wenige Tage später, am 1. September 1939, Polen überfallen lässt.

Was die Außenminister der beiden Staaten, Molotow und von Ribbentrop, am 23. August 1939 in Moskau unterschreiben, ist der Verzicht auf Gewaltakte und Angriffe gegeneinander für zehn Jahre. Sie verpflichten sich gleichzeitig zur Neutralität, sofern die andere Partei im Krieg mit dritten Mächten steht. Ein Angriff Deutschlands auf Polen wird also in keinem Fall feindliche Reaktionen der sowjetischen Seite auslösen. Im Gegenteil: Das geheime Zusatzprotokoll legt fest, dass im Falle einer Umgestaltung Osteuropas (sprich: nach dem erwarteten Einmarsch Hitlers in Polen) Polen zwischen dem Deutschen Reich und der Sowjetunion aufgeteilt wird, etwa entlang der Linie der früheren Ausdehnung Russlands nach Westen. Auch die Interessen im Baltikum, in Finnland und in Bessarabien werden geregelt – der unbedingte Expansionswille triumphiert auf beiden Seiten.

Der Krieg folgt auf dem Fuß. Eine Woche nach Vertragsabschluss marschiert die deutsche Wehrmacht in Polen ein. Auf deutsche Aufforderung besetzt dann am 17. September die sowjetische Armee die östlichen Landesteile, nach offizieller Lesart: um

Keine Allianz gegen Hitler

Anstelle des »Hitler-Stalin-Pakts« hätte sich ein Sicherungsbündnis zwischen Großbritannien, Frankreich und der Sowjetunion angeboten. Spätestens der Bruch des Münchner Abkommens durch den deutschen Einmarsch in der tschechischen Republik hat deutlich gemacht, dass das Deutsche Reich die territoriale Ordnung Europas aggressiv infrage stellt. Doch die englische Politik bleibt aus ideologischen Gründen gegenüber der Sowjetunion misstrauisch, die Verhandlungen über einen Beistandspakt geraten ins Stocken.

Es ist der neue sowjetische Außenminister Molotow, der daraufhin parallele Geheimverhandlungen mit der deutschen Reichsregierung anstößt.

1	2	1	2	5	4	3	2
Kartoffeln	Kartoffeln	Hülsenfrüchte	Hülsenfrüchte	Fleisch oder Fleischwaren	Fleisch oder Fleischwaren	Fleisch oder Fleischwaren	Fleisch oder Fleischwaren
3	4	3	4	10	9	8	7

Ausweiskarte

Herrn
für Frau
Fräulein   (Vor- und Zuname)
Lebensalter: Jahre
Beruf:
Wohnort:
Straße: Nr.
(Platz)
Gebäudeteil:

Rückseite beachten!

		Fleisch oder Fleischwaren 11	Brot oder Mehl 4
		Fleisch oder Fleischwaren 12	Brot oder Mehl 5
		Brot oder Mehl 7	Brot oder Mehl 6
		Brot oder Mehl 8	Milcherzeugnisse, Öle und Fette 6
Nährmittel 4	Nährmittel 3	Kaffee, Tee oder Kaffee-Ersatz 4	Kaffee, Tee oder Kaffee-Ersatz 3	Milch 4	Milch 3	Milcherzeugnisse, Öle und Fette 8	Milcherzeugnisse, Öle und Fette 5
Nährmittel	Nährmittel	Kaffee, Tee oder Kaffee-Ersatz	Kaffee, Tee oder Kaffee-Ersatz	Milch	Milch	Milcherzeugnisse	Milcherzeugnisse

So sahen die ersten Lebensmittelkarten aus. In den nummerierten Feldern sind verschiedene Lebensmittel aufgeführt.

die »slawischen Brüder«, die mehrheitlich ukrainische und weißrussische Bevölkerung, unter ihren Schutz zu stellen. Ein weiterer Grenz- und Freundschaftsvertrag zwischen dem Deutschen Reich und der Sowjetunion regelt die Einzelheiten der Usurpation.

Die Halbwertszeit beider Vertragswerke ist äußerst kurz. Weder hat Hitler seine Pläne aufgegeben, »den Bolschewismus auszurotten«, noch machen sich Stalin und Molotow bezüglich der Vertrauenswürdigkeit des deutschen Vertragspartners etwas vor. Knapp zwei Jahre haben sie gewonnen, um ihr Land militärisch besser auf den deutschen Angriff vorzubereiten. Hitler lässt das »Unternehmen Barbarossa«, seinen erbarmungslosen Eroberungs- und Vernichtungskrieg gegen die Sowjetunion, am 22. Juni 1941 anlaufen – er besiegelt damit seinen Untergang.

Hungern sollen nur die anderen

Bevor noch der erste Schuss des Zweiten Weltkriegs fällt, wird im Deutschen Reich die »Heimatfront« kriegstauglich gemacht. Am 28. August 1939 führt die Reichsregierung Lebensmittelkarten für wichtige Grundnahrungsmittel ein, und nun kann es für niemanden mehr einen Zweifel geben, dass der Krieg kurz bevorsteht. Wer jetzt (und in den kommenden Jahren) Fleisch und Fett, Zucker und Marmelade, Kaffeeersatz oder Milchprodukte und bald darauf auch Brot

und Eier kaufen will, kann dies nur noch in begrenzten Mengen »auf Karte« tun. Allerdings: Die Zuteilungen der Lebensmittelkarten sind großzügig bemessen, und sie werden es auch fast bis zum Ende des Kriegs bleiben, zumindest für diejenigen, die nicht zu den Millionen Opfern des NS-Regimes zählen.

Die Einführung von Lebensmittelkarten ist zwar unpopulär, sie dient aber dazu, die Versorgung der deutschen Bevölkerung im Krieg sicherzustellen. Hitler sieht hier allergrößten Handlungsbedarf: In seinen Augen sind es die Hungerwinter während des Ersten Weltkriegs gewesen, die zur sozialen Revolte und schließlich zur deutschen Niederlage geführt haben. Damit sich das nicht wiederholt, damit die Kriegsmoral nicht sinkt und die »Kampfgemeinschaft« sich nicht zersetzt, muss die Versorgungslage der deutschen Bevölkerung unbedingt stabil gehalten werden. Trotz Krieg soll kein Mangel herrschen, das gebietet das Machtkalkül.

Tatsächlich verändert sich die zugeteilte Kalorienzahl in den Kriegsjahren kaum, ebenso wenig die Mengenabstufung nach Normalbürger, Schwer- oder Schwerstarbeiter, Schwangeren und stillenden Müttern oder Kindern. Allerdings verschiebt sich die Zusammensetzung der Rationen, von fett- und eiweißhaltiger Nahrung zu Getreideprodukten. Und die Qualität der angebotenen Lebensmittel verschlechtert sich zum Kriegsende hin deutlich: Nicht selten ist das tägliche Brot mit Sägespänen gestreckt.

Alles in allem aber bleibt die Versorgung mit Nahrungsmitteln und Bekleidung in den Kriegsjahren für Deutsche relativ gut. Den Preis dafür bezahlen die eroberten Gebiete in Osteuropa, die systematisch ausgeplündert werden. Kriegsbedingt sinkende Ernteerträge in Deutschland werden ausgeglichen durch gewaltige Lebensmitteltransporte aus Polen oder der Ukraine. Hungern müssen die anderen: die Einwohner der besetzten Länder, die Häftlinge in den Konzentrationslagern, die Zwangsarbeiter und Kriegsgefangenen, die in der inländischen Produktion eingesetzt sind.

Erst mit dem Zusammenbruch der Fronten 1944, dem Rückzug aus den eroberten Gebieten und den Zerstörungen des Bombenkriegs kommt der Hunger auch nach Deutschland. Für die Deutschen, die sich in einem verwüsteten Land wiederfinden, werden die darauffolgenden Jahre Zeiten der Not und des Mangels. Auch jetzt, unter alliierter Besatzung, werden Lebensmittel und andere Güter »auf Karte« zugeteilt, doch die Rationen sind bis auf Weiteres klein, und vieles gibt es nur auf dem Schwarzmarkt. Endgültig werden Lebensmittelkarten in Westdeutschland 1950 abgeschafft, als die Währungsreform den Wirtschaftskreislauf wieder in Gang gesetzt hat. In der DDR gibt es sie bis 1958.

Kaffeeersatz – Muckefuck

Bohnenkaffee war in den 30er- und 40er-Jahren für die meisten unerschwinglich, und das Angebot war angesichts der Devisenprobleme des nationalsozialistischen Deutschland klein. Auf Lebensmittelkarte gab es Kaffeeersatz. Der war auch später, In der jungen Bundesrepublik und in der DDR, weit verbreitet. Meist wird er aus Getreide und Zichorie (man kennt die Pflanze auch unter dem Namen Wegwarte) hergestellt, und er enthält kein Koffein.

»Muckefuck« ist der volkstümliche Name für Kaffeeersatz. Man führt den Ausdruck häufig auf das Französische »mocca faux« (falscher Kaffee) zurück. Doch leitet er sich wohl eher von »Mucke«, das ist brauner Holzmulm, und der rheinischen Bezeichnung »fuck« für »faul« ab.

Das deutsche Kadettenschulschiff »Schleswig-Holstein« feuert in den frühen Morgenstunden des 1. September 1939 auf die Westerplatte. Auf dieser Landzunge an der Danziger Bucht hatte das polnische Militär eine Festung errichtet.

Der Überfall auf Polen

Das nächste Ziel Hitlers ist Polen, und dieses Mal weiß er, dass die Westmächte ihm nicht mehr freie Hand lassen werden – anders als beim »Anschluss« Österreichs und des Sudetenlands. Der Überfall auf Polen bedeutet Krieg, einen Krieg, auf den das NS-Regime von Anfang an hingearbeitet hat. Denn anders sind seine großen machtpolitischen Vorhaben nicht zu verwirklichen: die Rückgewinnung der nach dem Ersten Weltkrieg verlorenen Reichsteile, danach die Zerstörung der »jüdisch-bolschewistischen« Sowjetunion und die Eroberung von »Lebensraum im Osten«. Mit dem Überfall der deutschen Wehrmacht auf Polen beginnt am 1. September 1939 der mörderische Raub- und Vernichtungskrieg des nationalsozialistischen Deutschen Reichs, der sich bald zum Weltkrieg ausweiten wird.

Vordergründig ist die Stadt Danzig das Streitobjekt zwischen Deutschland und Polen. Hitler fordert die Wiederangliederung der Ostseestadt, die nach dem Ersten Weltkrieg zur »Freien Stadt« geworden war, außerdem eine exterritoriale Transitstrecke zwischen Ostpreußen und dem Reich durch polnisches Gebiet. Die strikte Zurückweisung durch die polnische Regierung kommt der NS-Führung durchaus gelegen, plant sie doch weitaus größere Eroberungen in Osteuropa. Mit dem deutsch-sowjetischen Nichtangriffspakt vom 23. August ist der Weg dazu frei geworden. Die Großmacht im Osten wird Polen nicht militärisch beistehen, im Gegenteil: Sie wird sich die Kriegsbeute mit Hitler einvernehmlich teilen.

Morgens um 4.45 Uhr am 1. September 1939 beginnt der Krieg mit der Beschießung der polnischen Westerplatte vor Danzig durch das deutsche Schulschiff »Schleswig-Holstein«. Gleichzeitig überschreiten Wehrmachtseinheiten die polnische Grenze. In den Tagen zuvor hatten die Deutschen Übergriffe von polnischer Seite simuliert (darunter der angebliche Überfall auf den deutschen Sender Gleiwitz), die den deutschen Überfall als »Strafaktion« gegen Polen rechtfertigen sollen. Tatsächlich hatte Hitler schon Anfang April 1939 die Wehrmachtsführung angewiesen, den Krieg gegen Polen vorzubereiten. Jetzt marschieren 1,5 Millionen deutsche Soldaten auf, die ohne formelle Kriegserklärung in Polen einfallen.

Die Kriegserklärung Frankreichs und Großbritanniens, der beiden Garantiemächte Polens, folgt zwei Tage später. Doch greifen sie, die Stärke der Wehrmacht überschätzend, nicht militärisch ein, um den polnischen Abwehrkampf zu unterstützen. Insbesondere Frankreich setzt auf eine defensive Taktik und wartet den deutschen Angriff ab, der dann – nach mehrmonatigem »Sitzkrieg« – am 10. Mai 1940 erfolgen wird.

Im September 1939 ist für die Wehrmacht der Weg nach Warschau frei. Die deutsche Waffentechnik ist der polnischen bei Weitem überlegen, vor allem in den Panzerverbänden und der Luftwaffe, ebenso die taktische Ausrichtung. In Polen erprobt die Wehrmacht die »Blitzkrieg«-Taktik,

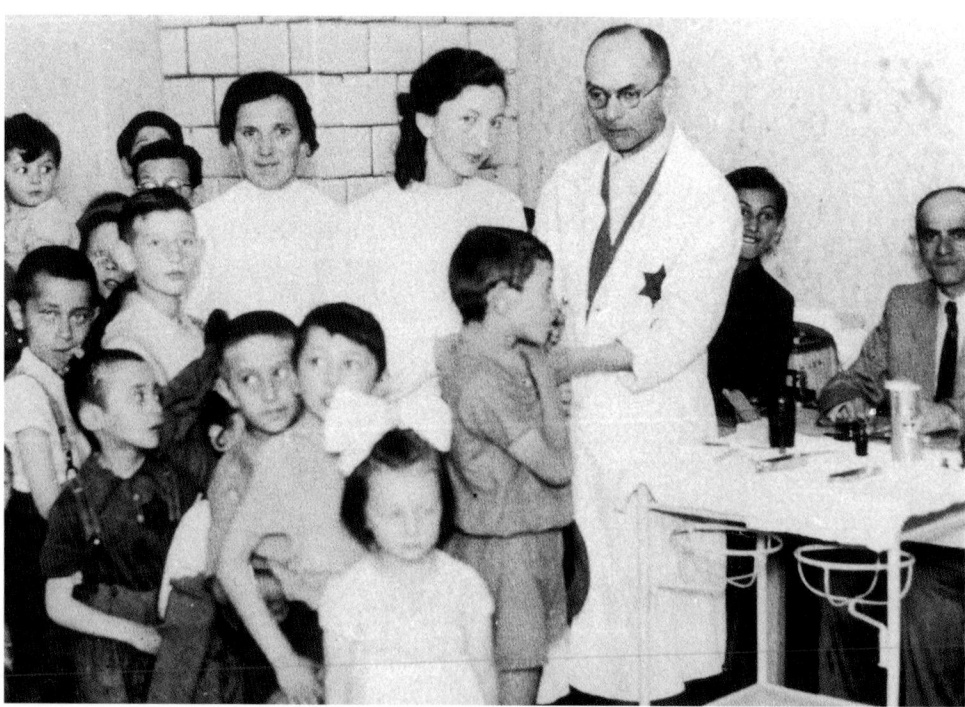

Ein jüdischer Arzt, der den Judenstern tragen muss, untersucht Kinder im jüdischen Ghetto von Warschau. Die Ghettoisierung war der Auftakt zur systematischen Ermordung von Juden in den Vernichtungslagern, die größtenteils im besetzten Polen errichtet wurden.

die sie später auch im Krieg gegen Frankreich erfolgreich einsetzt. Gegen den effektiven Bewegungskrieg der massiven Heeresverbände und die deutsche Lufthoheit kann sich die polnische Armee nicht behaupten. In wenigen Wochen wird sie zurückgedrängt und zerschlagen. Die Hauptstadt Warschau wird bereits nach einer Woche eingeschlossen, dann von der deutschen Luftwaffe systematisch bombardiert, bis sie am 27. September kapitulieren muss. Die letzten polnischen Truppen ergeben sich am 6. Oktober, fünf Wochen nach Kriegsbeginn. Zu diesem Zeitpunkt ist auch längst die Sowjetunion in die östlichen Landesteile einmarschiert – Polen als Staat hat aufgehört zu existieren.

Auf die Eroberung folgt die Schreckensherrschaft. Besondere Einsatzgruppen aus Gestapo, SS und Polizei verfolgen und ermorden die polnischen Eliten, Angehörige des katholischen Klerus und Tausende Juden. Aus den polnischen Westprovinzen, die jetzt dem Deutschen Reich angegliedert sind, werden alle Juden deportiert und im »Generalgouvernement«, dem deutsch besetzten Restpolen, in Ghettos zusammengepfercht. Wer hier überlebt, wird später in die Konzentrations- und Vernichtungslager Treblinka und Majdanek, Sobibor oder Auschwitz verschleppt und ermordet – am Ende stehen Millionen Tote. Der Krieg Hitlers ist von Anfang an auch ein Vernichtungskrieg gegen die Existenz des Judentums in Europa.

Die deutsche Wehrmacht 1939

Der Versailler Vertrag von 1919 hatte die Heeresstärke der deutschen Reichswehr auf 100 000 Berufssoldaten begrenzt. Das NS-Regime erkennt diese Bestimmung nicht mehr an und leitet eine Politik der umfassenden Aufrüstung ein – Deutschland soll wieder zur militärischen Großmacht aufsteigen. Im Jahr 1935 wird die allgemeine Wehrpflicht eingeführt; aus dem Reichswehrministerium wird bezeichnenderweise das »Reichskriegsministerium«, aus der Reichsmarine die »Kriegsmarine«. 1936 fordert Hitler in seiner geheimen Denkschrift zur Anordnung eines Vierjahresplans, dass die Wehrmacht in vier Jahren einsatzbereit und die Wirtschaft kriegsfähig sein müsse. Zu diesem Zeitpunkt ist die deutsche Wehrmacht längst auf Hitler als Oberbefehlshaber vereidigt.

Im Jahr 1939, zu Kriegsbeginn, hat das deutsche Heer eine Stärke von etwa 2,75 Millionen Soldaten erreicht, dazu kommen 50 000 Mann bei der Kriegsmarine und etwa 400 000 Mann bei der noch jungen Luftwaffe. Diese Zahlen dokumentieren die ungeheure Militarisierung der deutschen Gesellschaft in der kurzen Zeitspanne zwischen der Machtergreifung Hitlers 1933 und dem Jahr 1939.

Bis zur verheerenden Niederlage 1945 werden im Verlauf des Zweiten Weltkriegs etwa 17 Millionen deutsche Männer als Soldaten zur Wehrmacht eingezogen. Von ihnen sterben 4,7 Millionen.

Ein mutiger Einzelgänger

Von den wenigen Menschen, die versucht haben, Hitler zu töten, ist keiner so missachtet worden, kaum einer so in Vergessenheit geraten wie er: Georg Elser. Nach dem Krieg und dem Untergang des NS-Regimes war das Gedenken an den Widerstand gegen Hitler in Westdeutschland vor allem mit dem militärischen Widerstandskreis um Graf von Stauffenberg und dem Attentat vom 20. Juli 1944 verknüpft. Die Erinnerungskultur in der DDR bezog sich vorrangig auf den organisierten Widerstand der Arbeiterbewegung. Offenbar gab es in diesem geteilten Gedenken keinen rechten Platz für einen Einzelgänger, der aus persönlicher Überzeugung und gänzlich auf sich allein gestellt zur Tat schritt.

Georg Elser, hier auf einem Bild aus den 30er-Jahren, steht im öffentlichen Gedenken noch immer im Schatten der Attentäter des 20. Juli.

Am Abend des 8. November 1939 hält Hitler im Bürgerbräukeller in München seine alljährliche Rede vor alten Parteigenossen, um an den gescheiterten Putschversuch vom 9. November 1923 in München zu erinnern. In diesem Jahr – der Überfall auf Polen und damit der Beginn des Zweiten Weltkriegs liegen erste wenige Wochen zurück – trommelt Hitler in seiner Rede vor allem gegen England. Um 21.20 Uhr explodiert hinter dem Rednerpult eine Bombe und verwüstet den dicht gefüllten Saal. Acht Menschen werden getötet, doch Hitler überlebt. Ein Zufall hat ihn gerettet: Das schlechte Wetter erlaubt keinen Flugverkehr und zwingt ihn, die Rückreise nach Berlin früher als geplant anzutreten und seine Rede kürzer zu halten. Nur 13 Minuten später hätte es keine Chance für ihn gegeben.

Der Attentäter ist zu diesem Zeitpunkt schon in Haft. Bei dem Versuch, illegal in die Schweiz zu reisen, wird Georg Elser zufällig festgenommen und kurz darauf mit dem Attentat in Verbindung gebracht. Den brutalen Verhörmethoden der Gestapo hält er nicht stand – er bekennt sich zu der Tat.

Elser, ein einfacher Handwerker aus Schwaben, ein linker Pazifist ohne parteipolitische Bindung, hat sich ein Jahr zuvor entschlossen, Hitler zu töten. Mit dem Münchner Abkommen gibt es für ihn keinen Zweifel mehr, dass Hitler auf einen neuen Krieg zusteuert und dass seine Politik Deutschland und Europa in die Katastrophe

Bei den Aufräumungsarbeiten im Bürgerbräukeller nach der Explosion zeigt sich das Ausmaß der von Elsers Bombe angerichteten Zerstörung. Bittere Ironie der Weltgeschichte: Nichts als schlechtes Wetter – das Hitler zum frühen Aufbruch veranlasste – verhinderte den Erfolg der Aktion.

führen muss. Um dieses Unheil abzuwenden, entschließt sich Georg Elser zum Attentat auf Hitler.

Ein Jahr lang bereitet er alles vor: Als Arbeiter in einem Steinbruch sammelt er kleine Mengen Sprengstoff, er zieht nach München, konstruiert aus einer mechanischen Uhr einen hochpräzisen Zeitzünder. Dann beginnt er, den Bürgerbräukeller zu erkunden. Er isst dort jeden Abend und versteckt sich in der Besenkammer, um nachts in der Gaststätte bleiben zu können. Er weiß, wo das Rednerpult für Hitlers Auftritt stehen wird, und er wählt die Säule dahinter als Versteck für seine Bombe aus. In 35 Nächten höhlt er sie mühevoll aus, ohne Spuren zu hinterlassen. Vor dem 8. November 1939 deponiert er hier schließlich den Sprengstoff und den Zeitzünder, der exakt auf 21.20 Uhr eingestellt ist. In technischer Hinsicht ist alles nach Plan verlaufen.

Die Gestapo und die Nazi-Führung wollen nicht glauben, dass Elser als Einzeltäter gehandelt hat. Zu perfekt erscheinen Planung und Durchführung des Attentats. Doch die Vermutung, dass der englische Geheimdienst hinter dem Ganzen steht, lässt sich nicht belegen. Selbst die Regimegegner im Exil hegen Zweifel an der Alleintäterschaft. Sie mutmaßen, dass die Nazis selbst Elser beauftragt hätten, um dann das Scheitern des Anschlags als Zeichen der Vorsehung ausgeben zu können. Dieser Verdacht wird auch nach dem Krieg noch eine Zeit lang kolportiert und belastet das Ansehen des mutigen Mannes, der für seine Tat nach mehreren Jahren KZ-Haft noch kurz vor dem Ende des Regimes am 9. April 1945 hingerichtet wird.

Es gab in jenen Jahren nur wenige »Gerechte«, einer von ihnen war zweifellos Georg Elser.

Neue Helden und alte Sehnsüchte

Der Krieg ist allgegenwärtig in diesem Jahr 1939. Und doch hält seine Chronik Ereignisse und Entwicklungen in Kultur, Sport und Technik fest, die ganz anderen Impulsen folgen und auf den ersten Blick fast unberührt scheinen von den politischen Konflikten der Zeit. Von ihnen soll auf den folgenden Seiten erzählt werden – aber auch von den finsteren Schatten, die einigen dieser Dinge anhaften.

Eine Garage wird zur Zukunftsschmiede

Spätestens seit der Gründung der Computerfirma Apple in den 1970ern war der Mythos von der »Garagenfirma«, mit der junge Menschen quasi aus dem Nichts ein gigantisches Unternehmen aufbauen, in aller Munde, und es blieb so bis zum Zusammenbruch des »Neuen Marktes«.

Doch das Prinzip ist viel älter. Eines der großen Vorbilder dieser Garagenfirmen kann mittlerweile auf eine 70-jährige Erfolgsgeschichte zurückblicken: Am 1. Januar 1939 gründen William R. Hewlett und David Packard in Palo Alto in Kalifornien in einem angemieteten hölzernen Schuppen von wenigen Quadratmetern Größe das Technologieunternehmen Hewlett-Packard (HP). Ihr Startkapital beläuft sich auf 538 Dollar – auch für die damalige Zeit nicht gerade viel,

um aus dem Stand neuartige technologische Produkte zu entwickeln und zu vermarkten. Was die beiden Mittzwanziger aber mitbringen, ist neben der Leidenschaft für Technik eine gediegene Ingenieursausbildung an der renommierten Stanford-Universität, wo sie sich kennengelernt haben.

Sie beginnen ihre Laufbahn als Erfinder und Unternehmer 1939 also in einer Garage und legen dabei – so muss man es wohl im Rückblick sehen – zugleich den Grundstein für die Hightech-Region, die man heute unter der Bezeichnung »Silicon Valley« kennt, jenes Gebiet südlich von San Francisco, das seit den 60er-Jahren zum Eldorado der Computer- und Halbleiterbranche wurde. Mit den beiden »Selfmademen« Hewlett und Packard geht es hier 1939 los, auch wenn sich ihr Interesse noch lange nicht auf Computertechnik richtet, sondern auf hochwertige elektronische Test- und Messgeräte.

Der geschäftliche Erfolg lässt nicht lange auf sich warten. Es ist ein Tonfrequenzgenerator, den die Walt Disney Studios als einer der ersten Kunden für ihren Film *Fantasia* kaufen. Die Garage platzt zu diesem Zeitpunkt schon aus allen Nähten – bereits nach einem Jahr wird sie zugunsten eines deutlich größeren Gebäudes aufgegeben.

Die folgenden Jahrzehnte des Bestehens von HP lassen sich als eine er-

Heute kann man die Garage auf dem Grundstück in der Addison Avenue Nr. 367 in Palo Alto besichtigen. Die Erfinderwerkstatt von William R. Hewlett und David Packard wurde rekonstruiert. Auf einem Bildschirm in der Ecke rechts hinten sind Informationen zur Firmengeschichte zu finden.

staunliche Kette technischer Innovationen und als beeindruckende Expansion eines Kleinstunternehmens zum Weltmarktführer erzählen. Ohne Unterlass werden neue Geschäftsfelder erschlossen: in den 60ern und 70ern alles von der Atomuhr über Taschenrechner bis zu Großrechnern und Betriebssystemen, in den 80ern Personal Computer, Tintenstrahl- und Laserdrucktechnik, heute – nach der Fusion mit Compaq – Desktoprechner, Laptops und Server für unterschiedliche Zielgruppen.

Aus dem Zwei-Mann-Betrieb von einst ist einer der ganz Großen der Informationstechnologie geworden, mit über 100 Milliarden Dollar Jahres-umsatz und etwa 170 000 Beschäftigten. Die erste ausländische Produktionsstätte gründete HP übrigens 1959 in Deutschland, in Böblingen bei Stuttgart.

Die Garage in Palo Alto existiert übrigens noch, und sie steht, sozusagen als Monument der Industriegeschichte und der Gründermythen der Vereinigten Staaten, sogar unter Denkmalschutz. Im Jahre 2000 – noch lebte mit William Hewlett einer der beiden Firmenpatriarchen – kaufte HP den kleinen Holzschuppen mit der großen symbolischen Bedeutung für 1,2 Millionen Dollar und ließ ihn renovieren. Ein wahrlich stolzer Preis, einer Legende würdig.

Die Geburt des Dunklen Ritters

Ein Jahr zuvor, 1938, hat ein blau kostümierter Muskelmann mit rotem Cape dem amerikanischen Comic-Markt eine Goldgrube geöffnet. Mit Superman, dem Findling vom Planeten Krypton, war der erste Superheld geboren, mit übermenschlichen Fähigkeiten ausgestattet, unverwundbar und überall zur Stelle, wo das Böse besiegt werden muss. Was ein »starker Mann« wie Roosevelt in den Jahren der Depression und später im Kampf gegen Hitler auf der politischen Bühne richten soll, das findet in der Fantasiewelt der Comic-Hefte seine Entsprechung. Die amerikanischen Kids reißen sich um die Zehn-Cent-Hefte und verhelfen den Verlagen zu Millionenauflagen.

Comic-Erstausgaben wie Detective Comics *Nr. 27 mit der Batman-Premiere erzielen heute hohe Auktionspreise.*

Eine kaum weniger beeindruckende Karriere als Retter der bedrängten Menschheit macht Supermans Kollege Batman. Er taucht als Nachtgestalt im düsteren Fledermauskostüm zum ersten Mal im Mai 1939 in der 27. Ausgabe der Heftreihe *Detective Comics* auf und geht seitdem jeden Monat auf seine nächtlichen Streifengänge durch Gotham City. Wie Superman führt auch er eine Doppelexistenz: Unter der Fledermausmaske verbirgt sich der Millionenerbe Bruce Wayne, der tagsüber ein unauffälliges Leben in seinem schlossartigen Anwesen führt. Als Kind musste er miterleben, wie seine Eltern bei einem Raubüberfall ermordet wurden, und so hat er sein Dasein *einem* Ziel gewidmet: nicht nur dieses, sondern jede Art von Verbrechen zu rächen.

Von allen Superhelden des Comic-Universums steht uns die Figur des Batman, erschaffen von Bob Kane und Bill Finger, vielleicht am nächsten. Denn er ist menschlicher gezeichnet als die meisten anderen. Er besitzt keine übernatürlichen Fähigkeiten, sondern hat seine Superkräfte durch jahrelange körperliche Ertüchtigung aufgebaut. Was er sonst in seinen Kreuzzügen gegen das Verbrechen einsetzt, sind technische Hilfsmittel, die er selbst in seinen unterirdischen Geheimlabors entwickelt. Dabei folgt er konsequent einem durchaus sympathischen Kodex: Schusswaffen lehnt er ab, und der Gegner wird nicht getötet.

Im Laufe der Jahre zeigt Batman Ecken und Kanten und hat überhaupt

eine ziemlich problematische Psycho-
logie, ist doch seine Hauptantriebs-
kraft die Rache. Auf wirkliche Psycho-
pathen von faszinierendem Format
aber trifft er in seinen Gegenspielern,
die ihm als Verkörperungen des Bösen
im Laufe der Jahre zuwachsen, allen
voran der diabolische Joker. Um das
jugendliche Zielpublikum endgültig
zu erobern, erhält Batman bald auch
einen jungen Begleiter, Robin, der seine nächtlichen Abenteuer hautnah
miterleben darf.

Als 40 Jahre später die große Ära der
Superhelden ihrem Ende entgegenzu-
gehen scheint und nur noch wenige
ihr Taschengeld in Superman und Co.
investieren, revolutioniert Frank Miller das Genre mit seiner Neuinterpre-
tation *Die Rückkehr des Dunklen Rit-
ters*. Er setzt 1986 einen gealterten,
resignierten Batman ins Bild, einen
Getriebenen voller Selbstzweifel, einen gebrochenen Helden, der lernen
muss, auch Niederlagen einzustecken.
Wenn auch mancher dem glanzvollen
Heldentum früherer Tage nachtrauern

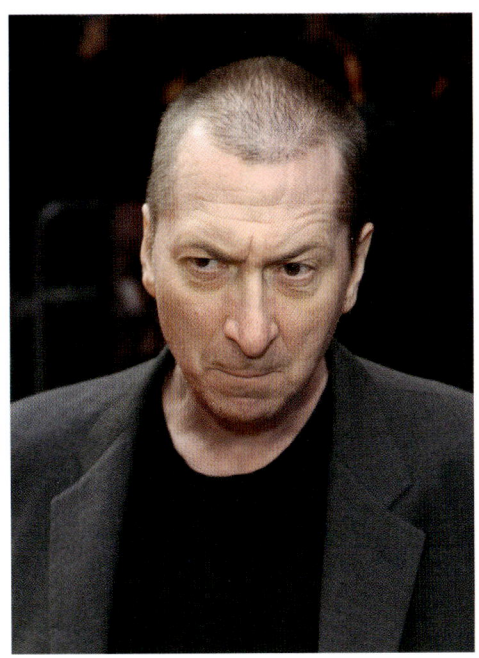

*Frank Miller setzte als Autor und Zeichner ei-
nen Meilenstein für die Entwicklung des Super-
helden-Comics zur ernsthaften Kunstform.*

mag, hat *Batman* damit den Anschluss
geschafft an ein älter gewordenes, er-
wachsenes Publikum. Dies und nicht
zuletzt die Verfilmungen haben *Batman* und seinen Gefährten zu neuer
Popularität verholfen.

Die Kämpfe der Giganten

In Deutschland hatte es Batman zunächst deutlich schwerer als Superman.
Als nach dem Krieg die Superhelden
in Form von Nachdrucken auch in
deutschsprachigen Heftreihen erscheinen, verliert sich die Spur des Fleder-
maus-Helden schon nach wenigen Auf-
tritten in dem Heft *Buntes Allerlei* des
Jahrgangs 1954. Während die Super-
man-Comics über lange Jahre hinweg
äußerst erfolgreich auf dem deutschen
Markt laufen, kehrt Batman erst 1967
zurück und teilt sich bis 1985 mit seinem Kollegen die Heftreihe *Superman
und Batman*. Danach erscheint *Batman*
in wechselnden Verlagen, ist aber auch
heute noch jeden Monat am Kiosk zu
kaufen.

Torwart Hans Klodt (1914–1996) wirft sich dem Angriff von Admira Wien entgegen. Klodt war der ältere Bruder von Bernhard Klodt (1926–1996), den alle Schalker nur Berni nannten. Hans Klodt war von 1936 bis 1948 Torwart von Schalke und wurde mit dem Verein 1937 Deutscher Meister.

Königsblaue Sturzsee im Olympiastadion

Für den FC Schalke 04, den Gelsenkirchener Fußballclub, sind es die goldenen Jahre: Zwischen 1933 und 1942 stehen die »Knappen« neunmal im Endspiel um die deutsche Meisterschaft, sechsmal holen sie den Titel, einmal den Pokal. Mit seinen legendären Angriffsspielern Fritz Szepan und Ernst Kuzorra und ihrem verwirrenden Kurzpassspiel, dem »Schalker Kreisel«, scheint der Aufsteiger aus dem Ruhrgebiet auf die Meisterschaft abonniert zu sein.

In der Endrunde zur deutschen Meisterschaft 1939 gibt sich die Sportpresse allerdings skeptisch, ob Schalke der Favoritenrolle gerecht werden kann. Zwar kämpft sich der Verein im Frühsommer 1939 erwartungsgemäß ins Halbfinale vor, doch das Feld ist

mit den gegnerischen Mannschaften Dresdner SC, Hamburger SV und SK Admira Wien sehr stark besetzt.

Entsprechend schwer tut sich Schalke 04 auf dem Weg ins Endspiel. Im Halbfinale der Endrunde gegen den Dresdner SC reichen zwei früh herausgespielte Tore von Kalwitzki und Kuzorra nicht aus, Dresden erreicht noch ein Unentschieden – nicht zuletzt dank seines Stürmers Helmut Schön, der später ein äußerst erfolgreicher Trainer der westdeutschen Fußball-Nationalmannschaft wird. Die »Königsblauen« müssen eine Woche später ins kräftezehrende Wiederholungsspiel und gewinnen jetzt souverän.

Das Endspiel wird am 18. Juni 1939 angepfiffen. Das Olympiastadion in Berlin, seit 1937 ständiger Austragungsort des Meisterschaftsfinales, ist an diesem Sonntagnachmittag mit 100 000 Zuschauern bis auf den letz-

Fritz Szepan (2. v. l., hinten) und Ernst Kuzorra (4. v. l., mit Ball) gehen vor dem Endspiel mit ihren Teamkollegen über den Platz.

ten Platz gefüllt. Und es ist keine Frage, mit welcher Mannschaft die Menschen auf den Rängen in der großen Mehrheit fiebern: Auch das Berliner Publikum liebt den FC Schalke 04 und sein attraktives, schnelles Spiel. An diesem Nachmittag soll es nicht enttäuscht werden: Schalke hat einen wirklich großen Tag. Es ist, so berichtet ein Sportreporter aus dem Stadion, als ob Admira Wien von einer blauen Sturzsee weggespült würde.

Die österreichischen Beobachter sehen das anders. Sie fühlen sich vom Schiedsrichter verpfiffen – immerhin drei ihrer Spieler werden in dieser Partie vom Platz gestellt. Hier und da wird der Verdacht geäußert, dass das Ergebnis politisch gesteuert worden sei. Tatsächlich gehörten unter anderem ausgerechnet die Spielerlegenden des alten Arbeitervereins aus Gelsenkirchen, Szepan und Kuzorra, der NSDAP an.

Schalke 04 siegt schließlich mit 9:0 über seinen Endspielgegner. Zum vierten Mal wird das Wappen des Gelsenkirchener Vereins auf dem Sockel der Victoria aufgebracht, der ersten Meisterschaftstrophäe des Deutschen Fußballbunds. Noch zwei weitere Male wird sich Schalke bis 1942 zu Füßen der geflügelten Siegesgöttin als deutscher Fußballmeister eintragen, dann sinkt sein Stern. Was bleibt und bis in die Nachkriegszeit fortlebt, ist der Mythos der goldenen Ära des Reviervereins. Bei den Fans der »Knappen« lebt er bis heute.

Fußball in »Großdeutschland«

Mit Admira Wien nimmt 1939 zum ersten Mal eine österreichische Mannschaft an der Endrunde zur deutschen Fußballmeisterschaft teil, mit dem Warnsdorfer FK außerdem ein sudetendeutscher Club. Der seit 1933 gleichgeschaltete Fußballsport wird »großdeutsch« und vollzieht damit den politischen »Anschluss« Österreichs und des Sudetenlands an Nazideutschland 1938 mit. An die Stelle der Bezirksligen sind längst die »Gauligen« getreten. Das große Fußballland Österreich ist jetzt zur »Gauliga Ostmark« abgestuft und stellt nur einen einzigen der insgesamt 18 Teilnehmer an der Endrunde zur Meisterschaft. Im Jahr 1939 hat sich Admira Wien diesen Platz erkämpft, nachdem der Verein zuvor sechsmal österreichischer Meister geworden war.

Start ins Düsenzeitalter

Überschallgeschwindigkeit erreichen Flugzeuge in jenen Jahren noch nicht; doch man träumt von einer Steigerung der Geschwindigkeit bei größeren Reichweiten. Die damals üblichen Propellermaschinen können maximal eine Strecke von 700 km zurücklegen.

Abhilfe soll eine neue Antriebstechnik schaffen: Man arbeitet an der Entwicklung von Düsenflugzeugen, bei denen der Propellerantrieb ersetzt ist durch Stahltriebwerke, die ihre Umgebungsluft ansaugen, Treibstoff verbrennen, die Verbrennungsprodukte über eine Turbine in Drehbewegung setzen und sie als Antriebsstrahl ausstoßen. Es entsteht dabei ein Schub von hohem Wirkungsgrad. Theoretisch sollte dieses Antriebsprinzip bei Flugzeugen funktionieren.

Zu den Pionieren, die in vielen Ländern an dieser Technik arbeiten, gehört in Deutschland der Flugzeugkonstrukteur Ernst Heinkel. Er hat 1922 in Warnemünde seine Flugzeugwerke gegründet und zunächst durch seinen Erfindergeist zu großem Erfolg geführt. Natürlich ist auch er dem Geschwindigkeitsrausch verfallen. Legendär wird sein Verkehrsflugzeug He 70 »Blitz«, eine Propellermaschine aus dem Jahr 1932, die eine Höchstgeschwindigkeit von 360 km/h erreicht, oder das Jagdflugzeug He 100, das am 30. März 1939 mit 746,606 km/h den damaligen Rekord bricht.

Es ist kein Zufall, dass sich zum Jahre 1939 hin die Neuerungen in der Luftfahrtindustrie häufen. Das NS-Regime rüstet massiv auf; vor allem die Luftwaffe soll modernisiert und ausgebaut werden. Der wirtschaftliche Erfolg von Unternehmen wie Heinkel ist seit den Vorkriegsjahren durch gewaltige Aufträge des Reichsluftfahrtministeriums gesichert; darüber hinaus be-

Sklavenarbeit für Großdeutschland

Gegen Ende des Krieges waren etwa ein Viertel der Arbeitskräfte im Deutschen Reich Zwangsarbeiter. Herangezogen wurden sogenannte »Fremdarbeiter«, die in den überfallenen Gebieten zwangsrekrutiert worden waren, Kriegsgefangene und, als Gruppe mit den bei Weitem härtesten Lebensbedingungen, die Häftlinge in den Konzentrationslagern. Insgesamt waren während des Weltkrieges 13,5 Millionen Menschen betroffen. Besonders extrem war es in der Rüstungsindustrie: hier bestanden die Belegschaften Mitte der 40er-Jahre sogar zur Hälfte aus Zwangsarbeitern. Berüchtigt wurde das Konzentrationslager Dora-Mittelbau, das als erstes derartiges Lager eigens für die Rüstungsproduktion errichtet wurde. Auch in den Heinkel-Werken wurden massiv KZ-Häftlinge eingesetzt, unter anderem Zwangsarbeiterinnen aus Schwarzenpfost, einem Außenlager des Frauen-KZ Ravensbrück.

Wie so oft beschleunigte der Krieg die wissenschaftliche Forschung und technische Entwicklung. Vier Tage vor Kriegsbeginn flog der Testpilot Erich Warsitz den Prototyp der Heinkel He 178. Von dem Flugzeug existieren nur noch Fotos, der Prototyp selbst wurde im Krieg zerstört.

kommen die Firmen Unterstützung bei der Entwicklung technischer Innovationen – und später im Krieg Zwangsarbeiter. Für Ernst Heinkel ist die enge Zusammenarbeit mit der NS-Regierung in jeder Hinsicht profitabel.

Bei der Entwicklung seines ersten Düsenflugzeugs arbeitet Heinkel allerdings auf eigene Faust. Heinkel hat 1936 ein großes technisches Talent entdeckt, den Ingenieur Hans-Joachim Pabst von Ohain. Innerhalb von drei Jahren entsteht die neue, revolutionäre Flugtechnik. Das Triebwerk HeS 3B wird in den eigens dafür konstruierten Prototypen He 178 eingebaut, ein Jagdflugzeug für einen Piloten. Das Triebwerk befindet sich in der Mitte des Rumpfes, hinter dem Pilotensitz;

es entwickelt einen Schub von 500 Kilopond.

Der Jungfernflug des ersten düsengetriebenen Flugzeugs der Welt findet am 27. August 1939 in Rostock statt. Obwohl die Höchstgeschwindigkeit mit 600 km/h nicht die Erwartungen erfüllt und die gesamte Flugzeit vorerst nicht mehr als 8 Minuten beträgt, ist es ein erster Schritt in eine neue Ära der Flugtechnik. In Serie geht die He 178 nie, denn das Luftfahrtministerium setzt auf 2-strahlige Jäger. Das Modell He 178 landet im Museum und wird dort durch Bombenangriffe zerstört, wie auch die riesigen Heinkelwerke in Rostock. Die Reste des Industriebetriebes werden kurz nach dem Krieg enteignet und demontiert.

In the Mood

Den Sound dieser Zeit spielen die Big-Bands, und ihre Musik ist der Swing. Überall in der Welt wird die Jugend (und nicht nur sie) vom Swingfieber erfasst, tanzt man frei und ausgelassen den Lindy Hop, den Shag oder den Balboa. Der Jazz hat in den 30er-Jahren eine populäre, tanzbare Form gefunden.

Aus den kleinen, intimen New-Orleans-Jazzbands sind jetzt große Formationen geworden, »Big Bands« eben, mit bis zu 17 Musikern und mehrfach besetzten Instrumentengruppen. Das schränkt den Raum für Improvisationen und Jamsessions ein und verlangt nach festen Vorgaben, die vom Blatt gespielt werden. Ob alle Instrumente harmonisch zusammenstimmen, ob das berühmte Swing-Gefühl entsteht, ob es *groovt* – das hängt ganz wesentlich von dem festgelegten Arrangement des Stücks ab. Und natürlich vom Können des Bandleaders, der häufig auch der Arrangeur des Programms ist.

Die großen Bandleader dieser Ära sind die Stars der musikalischen Szene, und sie sind bis heute Legenden: Benny Goodman und Duke Ellington, Count Basie und Glenn Miller. Der große Glenn Miller schafft im Jahre 1939 seinen Durchbruch, nach weniger erfolgreichen Jahren als Posaunist und glücklosen Versuchen, eine eigene Band zu gründen. Jetzt füllt er mit einer neuen Big Band die großen Konzerthallen New Yorks. Noch im selben Jahr werden zahlreiche Platten produziert, Miller spielt mehrfach in der Woche in einer populären Radioshow, es folgen Musikfilme und die Aus-

Der Krieg macht vor der Musik nicht halt: Nur wenige Jahre liegen zwischen den beiden Fotos, die Glenn Miller als lässigen Zivilisten und als korrekten Offizier zeigen. In Deutschland ist Swing als Inbegriff amerikanischer und damit feindlicher Musik verfemt.

»Swing-Jugend« in Deutschland

Was international eine ganze Generation mit sich reißt, bleibt in Nazideutschland faktisch verboten. Swing, das gilt dem dumpfen völkischen Kulturverständnis der Nazis als »entartete Musik«, als »Negermusik«, wie alle Stilrichtungen des Jazz. Im Weltkrieg wird ihm darüber hinaus »wehrkraftzersetzende Wirkung« zugeschrieben. Jugendliche, die sich in Deutschland für Swing begeistern, sich zu Swing-Partys treffen und sich auch in Lebensstil und Kleidung vom gängigen HJ-Ideal absetzen, machen rasch die Erfahrung, dass das Regime keine autonome Jugendkultur zulässt. Die »Swing-Jugend«, so unpolitisch sie auch in ihren Anfängen war, wird in den Kriegsjahren systematisch verfolgt, viele »Swings« werden verhaftet, einige in Konzentrationslager deportiert.

zeichnung mit der weltweit ersten Goldenen Schallplatte für mehr als eine Million verkaufter Platten von *Chattanooga Choo Choo*.

Es ist der »Miller-Sound«, der ihn und seine Band so erfolgreich macht. Das Geheimnis ist die Klarinette, die Miller in die Besetzung des Orchesters mit einbaut und die im Zusammenspiel mit den Saxophonen für einen äußerst raffinierten, vollen Klang sorgt. Zum Programm der Band gehören zwei Stücke aus dem Jahr 1939, die Millers Ruhm begründen und die er zu wunderbaren Swing-Standards gemacht hat: *In the Mood* und die Eigenkomposition *Moonlight Serenade* – beide sind im typischen Miller-Sound arrangiert und wurden 1939 als Schallplattenaufnahmen verewigt.

Seine große Zeit auf der Bühne geht abrupt zu Ende, als Miller sich 1942 entscheidet, der US-Luftwaffe beizutreten und im Krieg gegen die Achsenmächte eine Aufgabe zu übernehmen. Er leitet das »Army Air Force Orches-tra«, dessen Konzerte über die BBC London teilweise auch nach Deutschland ausgestrahlt werden. Das Kriegsende wird Miller nicht erleben: Er stirbt auf dem Weg zu einem Auftritt im befreiten Paris, als sein Flugzeug im Dezember 1944 unter ungeklärten Umständen über dem Ärmelkanal abstürzt.

Die traurige Soldatenhymne

Es ist die gemeinsame Hymne aller Soldaten des Zweiten Weltkriegs, ob sie nun Deutsche oder Engländer, Italiener oder Amerikaner sind: Das Sehnsuchtslied von *Lili Marleen* hört und singt man an allen Fronten und in allen Armeen des mörderischen Krieges, zunächst auf Deutsch, dann in vielen anderen Sprachen. Im Jahre 1939 erscheint die Plattenaufnahme, die das Lied berühmt machen soll, interpretiert von der damals 34-jährigen Sängerin Lale Andersen.

Lale Andersen singt 1942 bei der Veranstaltung »Kameradschaft aller Waffen Berlin«, organisiert vom NS-Reichskriegerbund. Einige Monate später wird sie mit Auftrittsverbot belegt: Die Macht-haber wollen unbedingt verhindern, dass sie Lili Marleen *noch einmal vor Soldaten singt.*

Der Text des Liedes entsteht bereits im Ersten Weltkrieg: Hans Leip, ein Hamburger Lehrer und Schriftsteller, schreibt ihn 1915 bei seiner Einberu-fung an die Ostfront nieder. Es sind wehmütige Verse der Erinnerung an die zurückgelassene Geliebte. Als dieses melancholische Gedicht 1937 erneut in einer Lyriksammlung er-scheint, schreibt der Komponist Nor-bert Schultze dazu die Melodie, die wir bis heute kennen und lieben. Schultze zeigt sich hier von seiner besseren Seite. Ansonsten komponiert er in den Kriegsjahren üble Propagan-da- und Soldatenlieder wie *Bomben auf Engeland* und verantwortet noch kurz vor dem Ende des Naziregimes die Musik zum Durchhaltefilm *Kol-berg. Lili Marleen* ist sicherlich auch ein Soldatenlied, aber ein gegen den Strich gebürstetes. Obwohl es mit ei-nem leichten Marschrhythmus unter-

legt ist, hat es nichts Kämpferisches, nichts Antreibendes, sondern ist leise, traurig und voll von Sehnsucht. Ge-nau dies ist es dann auch, was die Stimmung von Millionen Soldaten aller Nationen in den Gefechtspausen des Zweiten Weltkriegs trifft und was dieses Lied so ungeheuer populär macht.

Ein Erfolg kündigt sich 1939 nach Erscheinen der Aufnahme mit Lale Andersen allerdings noch nicht an. Es werden gerade einmal 700 Stück der Schallplatte verkauft. Erst 1941, mit-ten im Krieg, wird das Lied bekannt, als es der Soldatensender der Wehr-macht in Belgrad regelmäßig auflegt. Es folgt ein kurzes Intermezzo, in dem das Naziregime das Abspielen der Plat-te verbietet, da die melancholische Weise von Lili Marleen seinem soldati-schen Ideal so gar nicht entspricht. Doch ist es schon zu spät: Aus allen

Teilen der Wehrmacht kommen Anfragen, dieses wunderbare Lied wieder zu spielen, und so legt es dann der Sender Belgrad jeden Abend zum Sendeschluss auf; andere Wehrmachtssender folgen.

Merkwürdig ist eigentlich, dass das Lied aus dem Blickwinkel eines Frontsoldaten geschrieben ist, aber von einer Frau gesungen wird. Lale Andersens Erfolg als Interpretin ist in jedem Fall überwältigend: Auch wenn sie von den Nazis zeitweise mit Auftrittsverbot belegt wird, verkauft sich ihre Aufnahme noch während des Krieges über eine Million Mal.

Große Gefühle in Technicolor

Ein in dramatischem Flammenrot glühender Nachthimmel verleiht diesem vergeblichen Liebeswerben erst die richtige Hitze und Dramatik. Wenn die widerspenstige Schöne in den Armen ihres heißblütigen Verehrers liegt und ihm dann doch den geforderten Kuss versagt, kommt das große Südstaaten-Filmepos zu seinem ersten sentimentalen Höhepunkt. 70 Jahre ist er nun alt, dieser monumentale Film, der zur Legende wurde und tatsächlich bis heute der wirtschaftlich erfolgreichste Film aller Zeiten geblieben ist, erfolgreicher – inflationsbereinigt – als *Titanic, Herr der Ringe* oder *Krieg der Sterne*. Am 15. Dezember 1939 erlebt *Vom Winde verweht* seine Uraufführung in Atlanta im amerikanischen Bundesstaat Georgia.

Schon die Romanvorlage war ein Megabestseller in den USA. Die Autorin Margaret Mitchell hatte es geschafft, den amerikanischen Bürgerkrieg zwischen den »Yankees« der Union und den abtrünnigen Südstaaten als private Geschichte einer starken und ungewöhnlichen Frauenfigur zu erzählen: Scarlett O'Hara ist Südstaatlerin, Tochter eines Plantagenbesitzers und Sklavenhalters, die in diesen bewegten Zeiten ihr Leben in die Hand zu nehmen versucht, sich durch nichts unterkriegen lässt und zur gerissenen Geschäftsfrau wird. Schön, frivol und von den Männern begehrt, hängt sie doch den falschen Träumen nach. Dass sie die große Liebe ihres Lebens in Rhett Butler, dem

Der deutsche Titel des monumentalen Leinwandepos von Victor Fleming wurde hierzulande zum geflügelten Wort.

Ausgerechnet für die Rolle einer schwarzen Sklavin erhält Hattie MacDaniel als erste afroamerikanische Schauspielerin einen Oscar. Heute haben die USA sogar einen schwarzen Präsidenten – auch ein Zeichen dafür, wie sehr sich die Welt im Lauf unseres Lebens verändert hat.

tatkräftigen Retter bei der Flucht aus dem brennenden Atlanta, längst gefunden hat, erkennt sie erst, als ihre Beziehung bereits in Trümmern liegt. Was bleibt, wenn am Ende alle Liebes- und Lebensillusionen verweht sind, ist das Land, von dem Scarlett stammt und zu dem sie zurückkehren wird.

Tausende sollen seinerzeit bei den Castings vorgesprochen haben, um in der Verfilmung die begehrten Hauptrollen zu ergattern. Für die Rolle der schönen Scarlett waren Katharine Hepburn im Gespräch, Norma Shearer, auch Bette Davis, für den Part des nicht minder attraktiven Rhett Butler wurden Gary Cooper und Errol Flynn gehandelt. Letztendlich entscheidet sich Produzent David O. Selznick für eine gänzliche unbekannte und unverbrauchte Schauspielerin aus England, Vivien Leigh, und für Clark Gable, dessen Stern in Hollywood schon

hell leuchtet. Sie werden ein Traumpaar nur für diesen einen Film – danach ziehen sie es vor, sich aus dem Weg zu gehen, nicht anders als Scarlett und Rhett, die sie verkörpern. Dass *Vom Winde verweht* im Frühjahr 1940 zehn Oscars einheimst, ist bei diesem ungemein aufwendig produzierten Hollywoodfilm mit all seinen melodramatischen Qualitäten und seiner neuartigen Technicolorpracht nicht weiter verwunderlich. Unter anderem wird er als bester Film ausgezeichnet, für die beste Regie und die beste weibliche Hauptrolle. Durchaus bemerkenswert ist allerdings, dass Hattie McDaniel für ihre Nebenrolle als erste afroamerikanische Schauspielerin einen Oscar erhält. Im Amerika der Rassendiskriminierung ist diese Preisverleihung eine echte Sensation. Zur Uraufführung des Films in Atlanta wird sie jedoch nicht eingeladen.

Meine Geschichte

Jede Biografie ist einzigartig. Trotzdem wird vieles, was der Autor in seiner Kindheit und Jugend erlebt hat, auch seinen Altersgenossen und -genossinnen bekannt vorkommen.

Ende und Neubeginn

Kurz nach Beginn des Zweiten Weltkriegs, im Herbst 1939, wurde ich in einer westfälischen Kleinstadt am Rande des Ruhrgebiets geboren. In diesem Städtchen verbrachte ich meine Kindheit und meine Jugend.

In den folgenden Geschichten möchte ich von diesen frühen Jahren erzählen, von der Zeit des Krieges, als der Vater an der Front war, von den Jahren des Mangels und der Entbehrung, der ersten Nachkriegszeit.

Es sind persönliche Geschichten aus einer kleinen Welt, zeittypische Erfahrungen, die vielleicht auch Sie, meine lieben Leserinnen und Leser, so oder ähnlich gemacht haben und in denen Sie sich wiedererkennen können.

Die Narben des Krieges bleiben

Wie weit reicht die eigene Erinnerung zurück in die Kindheit? Sind es überhaupt meine ursprünglichen Erinnerungen oder sind es Geschichten, die später von den Eltern und Großeltern erzählt wurden, Geschichten, die ich mir mit Bildern ausgeschmückt und mit der Zeit als Selbsterlebtes abgespeichert habe?

Bei aller Skepsis gegenüber diesem löchrigen Wesen namens Erinnerung gibt es doch für die frühen Jahre, die Zeit als Drei-, Vier- oder Fünfjähriger, einige wenige Erinnerungssplitter, die ich für absolut authentisch halte, weil sie auf einschneidenden Erfahrungen beruhen. Es sind Erfahrungen des

Der Bombenkrieg trifft nicht nur die großen Metropolen Deutschlands wie die Hauptstadt Berlin, wo 1945 dieses Foto in einem Luftschutzkeller entstand. Auch kleinere Städte wie mein Heimatort sind teilweise massiv betroffen, wenn es dort militärische oder industrielle Ziele gibt.

Krieges, die sich tief eingebrannt haben und Narben hinterließen, die ich auch heute noch spüre.

Diese Erinnerungen führen zurück in die Nächte des Bombenkriegs und in den Luftschutzkeller, in dem meine Mutter mit mir Zuflucht suchte. Mein Heimatort wurde als Bahnknotenpunkt und Industriestandort seit Februar 1943 von alliierten Fliegerverbänden bombardiert.

Sie kamen meistens nachts, manchmal auch am Tag. Unser Unterschlupf war ein Luftschutzkeller in unmittelbarer Nähe, wo wir mit vielen unserer Nachbarn, in der Mehrzahl Frauen und Kinder, dicht zusammengepfercht auf die ersten Detonationen warteten und das baldige Ende des Angriffs herbeisehnten.

Wie viele Stunden diese erzwungenen Aufenthalte im Schutzraum dauerten, wie oft wir sie durchleben mussten, was meine Mutter in ihrem Notkoffer, den sie bei sich trug, zusammengepackt hatte, das alles kann ich nicht sagen.

Was ich aber noch weiß und körperlich spüre, was ich bis heute in Träumen durchlebe, ist die panische Angst, die mich besetzte, wenn die Sirenen losheulten und uns das Zeichen gaben, Zuflucht im engen Kellerloch zu nehmen. Es war eine Panik, die anschwoll, wenn die ersten Explosionen zu hören waren, und die mich vollkommen durchdrang, mich zittern und schreien ließ, wenn Bomben in unmittelbarer Nähe einschlugen und ihre Druckwellen auch unseren Keller-

raum zum Beben brachten. In diesen Momenten – sind es Stunden gewesen? – war ich nichts anderes als ein Bündel Angst, wohl von den Armen der Mutter gehalten, und doch hilflos dem infernalischen Lärm des Bombenkriegs ausgeliefert.

Wie gesagt – die Narben sind geblieben. Auch heute noch, mehr als sechs Jahrzehnte später, spüre ich starke Fluchtreflexe, wenn ich eine Sirene höre. Manchmal reicht ein Donnergrollen, um die Nachtmahre meiner frühen Kindheit zu wecken. Wir sind Kinder eines schrecklichen Krieges, der glücklicherweise nur die ersten Jahre unseres Lebens bestimmt hat, der sich aber gerade in dieser prägenden Phase tief in unsere Entwicklung einschreiben konnte. Wie glücklich können sich die Generationen schätzen, die ihre ersten Erinnerungen in Friedenszeiten sammeln konnten!

Von den Idyllen der ganz frühen Kindheit habe ich nur Fotos; in Erinnerung blieben mir hingegen die Bomben der späteren Jahre.

Der Garten von Tante Nelly

Meiner Familie ging es auch in den mageren Zeiten – im letzten Kriegsjahr und in den ersten Nachkriegsjahren – besser als vielen anderen. Wir gehörten nicht zu den Flüchtlingen und den Vertriebenen aus den umkämpften Gebieten des Ostens, wir waren auch nicht ausgebombt, sieht man von einem glimpflich verlaufenen Dachstuhlbrand in einer der Bombennächte ab. Während der Krieg und seine Folgen für andere eine Zeit bitterer Not brachte, mit Gewaltmärschen auf der Flucht, mit Hunger und Frost, mit notdürftiger Unterbringung in den Baracken und Nissenhütten der Flüchtlingslager, blieben wir von den schlimmeren Plagen des Krieges verschont: Wir hatten ein Zuhause, das die Zerstörungen überstanden hatte,

Um ausreichende Kartoffelvorräte zu ergattern, galt es mit möglichst großen Taschen zu den Bauern aufs Land zu fahren.

wir hatten genügend zu essen, auch wenn der Speiseplan auf Magerkost umgestellt war, und vor allem: Alle aus unserer engeren Familie hatten überlebt, auch mein Vater, der vier Jahre lang Soldat gewesen war.

Dass Schmalhans auch bei uns Küchenmeister war, wie meine Mutter noch lange Zeit danach nicht müde wurde zu beklagen, war nach dem verlorenen Krieg und angesichts seiner ungeheuren Verwüstungen wohl kaum verwunderlich. Aber meine Mutter, eine begnadete Köchin, betrachtete es wohl als eine ungerechte, weil unverdiente Bestrafung, sich durch Lebensmittelmangel derart »ins Elend gestürzt« zu sehen. Es war noch nicht lange her, dass mein Vater, zeitweise als Teil der deutschen Besatzungstruppen in Paris stationiert, Dosen mit französischen Pasteten, Bohnenkaffee und Schokolade auf Heimatbesuch mitgebracht hatte. Jetzt, als diese ganze Herrlichkeit in einer vernichtenden Niederlage geendet hatte, sah sich meine Mutter gezwungen, »betteln« zu gehen, wie sie es ebenso verbittert wie unbelehrbar nannte. »Betteln«, das hieß, mit mir als kleinem Jungen in überfüllten Eisenbahnzügen ins Münsterland zu fahren und dort bei Bauern zu fragen, ob wir ihre abgeernteten Felder »stoppeln« durften, also übrig gebliebene Ähren oder Kartoffeln einsammeln. Es konnte auch heißen, ein paar entbehrliche Besitztümer – Silberbestecke, eine Kristallvase oder auch das alte Familienkruzifix – zur »Hamsterfahrt« in eine Tasche zu packen und gegen Eier, Speck oder Kartoffeln einzutauschen. Ich war immer an ihrer Seite, irgendwann auch mein kleiner Bruder, und die Scham meiner Mutter, um Lebensmittel »betteln« zu müssen, übertrug sich auf mich.

Wie viel leichter fiel es da, sich auf den Weg zu Tante Nelly zu machen. Sie war die Schwester meiner Großmutter und hatte im Nachbarort einen großen Garten, den sie seit Jahrzehnten liebevoll und mit großer Sachkenntnis hegte und pflegte und den sie auch gut über den Krieg gebracht hatte. Unsere unverheiratete Tante Nelly war eine ebenso robuste wie großzügige Frau, die die Früchte ihres Paradieses ihren Verwandten, Freunden und Nachbarn von ganzem Herzen gönnte. Und ein Garten Eden schien er uns gerade in diesen schweren Jahren zu sein, mit seinen weit ausladenden Apfel- und Pflaumenbäumen, seinen Stachel- und Johannisbeersträuchern, den Stauden mit Kletterbohnen und den Beeten mit Erdbeeren und Salat, Karotten und Sellerie. Im Sommer und Herbst spielten wir dort und aßen uns satt an Obst und Beeren, während die Erwachsenen abseits am Gartentisch saßen, »Muckefuck« tranken und uns über ihren Gesprächen vergaßen. Niemals gingen wir heim, ohne dass Tante Nelly uns die vorsorglich mitgebrachten Taschen mit Obst und Gemüse vollgepackt hätte. Es waren Tante Nelly und ihr Paradiesgarten, die uns retteten – nicht vor dem Hunger,

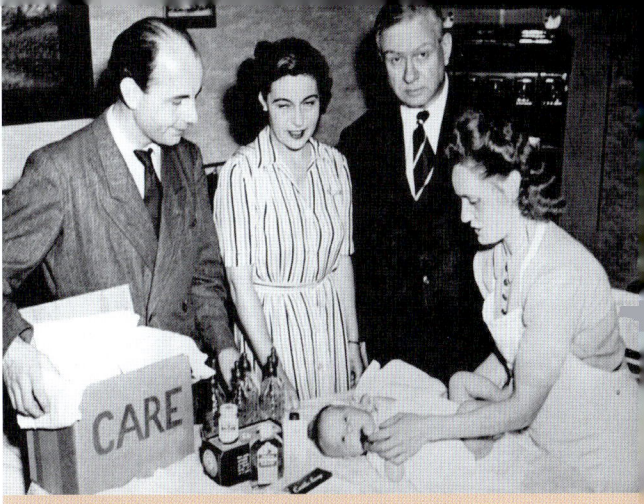

Für junge Eltern gab es ab November 1947 auch spezielle Baby-Carepakete mit Säuglingsnahrung und Pflegeartikeln.

Carepakete

Für viele Familien waren sie nach dem Krieg eine heiß ersehnte Hilfe, um die karge Zuteilung der Lebensmittelkarten aufzubessern. Carepakete mit Nahrungsmitteln wurden von amerikanischen Bürgern nach Deutschland und in andere europäische Länder geschickt. Seit 1947 stellte die Hilfsorganisation CARE die Pakete zusammen, um den Inhalt besser auf den tatsächlichen Bedarf abzustimmen.
Ein solches Paket enthielt Folgendes:
Je 1 Pfund Rindfleisch in Kraftbrühe, Steaks und Nieren
Je 0,5 Pfund Leber, Corned Beef
0,75 Pfund »Prem« (Konservenfleisch)
0,5 Pfund Speck
2 Pfund Margarine
1 Pfund Schweineschmalz
Je 1 Pfund Aprikosenkonserven, Honig, Rosinen, Schokolade
2 Pfund Zucker
0,5 Pfund Eipulver
2 Pfund Vollmilchpulver
2 Pfund Kaffee

Das Picknick im Grünen war ein Freizeitvergnügen, dem man erst mit dem Ende der Luftangriffe wieder unbeschwert frönen konnte. »Im Grünen«, das hieß in den Nachkriegsjahren meistens in Tante Nellys Garten, wo wir direkt an der Quelle frischer Lebensmittel saßen.

den es auch in diesen mageren Nachkriegsjahren für uns nicht gegeben hat, sondern vor den kargen Rationen der Lebensmittelkarten, die meiner Mutter das Leben so schwer machten.

Mit der Währungsreform 1948 ging diese Zeit dann langsam vorbei. Es wurde plötzlich wieder alles in den Läden angeboten, und die Bewirtschaftung von Lebensmitteln über Karten wurde (in Westdeutschland) 1950 beendet. In der DDR gab es die Karten noch bis 1958. Allerdings reichte auch bei uns im Westen zunächst das Geld noch nicht, um regelmäßig »gute« Butter, Bohnenkaffee oder Rinderbraten zu kaufen. Das Wirtschaftswunder ließ allerdings nicht lange auf sich warten: Bald konnte meine Mutter wieder aus dem Vollen schöpfen und ihre Kochkünste so zelebrieren, wie sie es in den Jahren des Mangels schmerzlich vermisst hatte.

Ein gebrochener Held

Meinen Vater lernte ich als gelegentlichen Besucher kennen, der auf »Fronturlaub« für kurze Zeit in unser Alltagsleben einbrach. Ich wusste aus den Erzählungen meiner Mutter, dass er fern von uns sein musste, um große Taten zu vollbringen und unter Einsatz seines Lebens »den Feind« zu bekämpfen. Und so schaute ich, wenn er in seiner schneidigen Uniform leibhaftig vor mir stand, zu ihm auf und sah einen strahlenden Helden, auf den ich stolz war, der mich aber auch ordentlich einschüchterte. Da half es nichts, dass er mich auf seinen Arm hob und mich – wie er es auch später gerne tat – liebevoll in die Wangen kniff, dass er mir große Mengen Süßigkeiten aus dem besetzten Frankreich mitbrachte und mir mit meinen Soldaten-Spielfiguren erklärte, wie man das macht, Krieg führen. Es ist nicht leicht, mit einem Helden warm zu werden. So blieb ich in respektvollem Abstand zu meinem Vater und war nicht wirklich traurig, wenn nach dem Ausnahmezustand seines Heimatbesuchs der Tag des Abschieds kam. Außerdem hatte ich jetzt auch meine Mutter wieder für mich allein.

Es war meiner Mutter offenkundig ein großes Anliegen, mir die vaterlose Zeit zu kompensieren: Während sie selbst in den letzten Kriegsjahren und danach unser Leben ganz eigenständig und ohne Mann an ihrer Seite im Griff hatte, sollte ich nicht ohne eine Vaterfigur groß werden. Das Leitbild dafür war der Kriegsheld. Überall in unserer Wohnung hingen Bilder, die meisten zeigten ihn in Uniform, strahlende Siegerfotos – auch auf meinem Nachtkästchen stand eines. In Fantasieschlachten, die ich mit meinen Spielzeugsoldaten aus Gips schlug, machte ich meinen Vater selbstverständlich zum siegreichen Feldherrn.

Dann änderte sich das Rollenspiel, als wir erfuhren, dass mein Vater – kaum war mein kleines Brüderchen geboren – im Herbst 1944 an der Westfront in englische Kriegsgefangenschaft gekommen war. Die Heldengesänge meiner Mutter hörten deshalb nicht auf, sie änderten nur das Motiv. Jetzt war es der Vater als edelmütig Gefangener, dem ihre (und natürlich auch meine) Sorge galt. Sie bejammerte ihn als Opfer, das unbekannte Qualen im Lager ertragen

musste, und ich spielte seine Gefangenschaft mit meiner Ritterburg und ihren hohen Festungsmauern nach. Heute könnte ich nicht sagen, ob meine Mutter dies alles wirklich ernst meinte oder ob sie in Wirklichkeit nur froh war, dass mein Vater jetzt das Schlimmste hinter sich hatte und vor allem: dass er am Leben war.

Irgendwann kam er dann zurück, ein Held, der keiner mehr sein wollte. Der Vater, den ich jetzt neu kennenlernte, hatte nichts mehr zu tun mit dem selbstbewussten Soldaten in Paradeuniform von den Fotos. Natürlich hatte ihn die Zeit im Kriegsgefangenenlager abmagern lassen, er hatte jetzt ein ganz schmales Gesicht mit tief liegenden, umschatteten Augen,

Unser Vater war tatsächlich ein starker Mann – erst allmählich verstanden wir, dass damit nicht zwangsläufig ein Krieger gemeint war.

die traurig aussahen. Mein Vater hat diese Traurigkeit danach nie wieder ganz verloren. Er kehrte im Frühjahr 1946 als ein stiller, nachdenklicher Mensch heim, der – anders als meine Mutter – verstört war durch seine Kriegserfahrungen und sich offenkundig schuldig fühlte. Obwohl wir ihn auch in späteren Jahren häufig darum gebeten haben, hat mein Vater so gut wie nichts von seinen Kriegserlebnissen erzählt. Ich hatte dabei nie den Eindruck, dass sein Schweigen etwas mit Verdrängung zu tun hatte. Im Gegenteil: Er schien zeitlebens erfüllt von einer tiefen Scham.

Es brauchte eine Weile, bis ich mich an diesen sanften, zurückhaltenden Vater gewöhnt hatte, der so ganz anders war als das Bild, das meine Mutter von ihm aufgebaut hatte. Ich weiß noch, dass ich fürchterlich weinte, als er meine Gipssoldaten mit den Naziemblemen wegwarf und damit demonstrativ auch meine Heldenbilder entsorgte. Kurze Zeit später brachte er mir bei, wie man einen Papierdrachen baut, und es begann eine ganz neue Vater-Sohn-Geschichte.

Das Vertraute und das Fremde

Es war die überschaubare Welt einer Kleinstadt, in die ich hineinwuchs. Hier kannte ich bald jede Straße und jeden Ort zum Spielen, ich grüßte pflichtgemäß die Nachbarn und den Herrn Pfarrer und wusste sehr genau, wer für mich ein »guter Umgang« war,

wie meine Mutter es nannte, und wer nicht. Die selbstverständliche Vertrautheit mit allen und allem am Ort gab mir Sicherheit und vielleicht auch so etwas wie Geborgenheit. Aber es war doch zugleich eine sehr geschlossene Welt, die sich selbst abschottete gegen alles, was »anders« war, von »draußen« kam, unbekannt war. Es lag nicht nur an der Prägung aus der Nazizeit, dass in dieser kleinen Stadt immer wieder fremdenfeindliche Ressentiments wach wurden – auch in meiner eigenen Familie –, sondern ebenso an einer tief sitzenden Angst, das Altvertraute zu verlassen und sich einer neuen Erfahrung zu öffnen.

Die »anderen«, das waren in meinen frühen Lebensjahren verhärmte, kahl geschorene Männer, die regelmäßig in Kolonnen durch den Ort zogen und abgeschirmt hinter hohen Maschendrahtzäunen in alten Baracken des Eisenbahnbetriebswerks hausten: russische Zwangsarbeiter, die in einem kriegswirtschaftlich wichtigen Metallbetrieb eingesetzt waren. Wir Kinder liefen herbei, wenn die grauen Arbeitskolonnen in ihr Lager zurücktrotteten, und wir waren hin und her gerissen zwischen Faszination und Furcht. Diese Männer sprachen nicht unsere Sprache, oder doch nur gebrochen, und sie sahen anders aus, sie wirkten unrasiert und schmutzig. In unserem kleinen Umfeld – in der Familie, in der Schule, in der Nachbarschaft – hatten wir gehört, dass es »Untermenschen« seien, eine »Rasse«, die weniger wert sei als wir, von der

Vertriebene, Hamsterer, aber auch Überlebende der KZs auf der Suche nach einer neuen Heimat – die unmittelbare Nachkriegszeit war für viele Menschen eine Zeit erzwungener Mobilität. Die oft schwer beschädigten Bahnhöfe dienten vielen als Atempause und Anlaufstelle.

Flucht und Vertreibung

In den letzten Wochen des Zweiten Weltkrieges flohen Hunderttausende zu Fuß oder auf Pferdekarren aus den Ostgebieten des Deutsches Reichs vor der herannahenden Front. Millionen gelang die Flucht nach Westen auf Schiffen über die Ostsee. Nach Kriegsende begann dann die systematische Vertreibung der Deutschen aus Ost- und Südosteuropa, aus dem vormaligen »Reichsgau Sudetenland«, das nun wieder zur wiederhergestellten Tschechoslowakei gehörte, und aus den Gebieten, die jetzt unter polnische Verwaltung gestellt waren. In einer der vier Besatzungszonen angekommen, brauchten die Vertriebenen zunächst ein Dach über dem Kopf, sie mussten mit dem lebensnotwendigen Grundbedarf an Lebensmitteln und Wohnraum versorgt werden, und sie benötigten auf lange Sicht Verdienstmöglichkeiten. Untergebracht wurden sie meist in Lagern oder Notunterkünften, oder sie wurden in Privathaushalten einquartiert. Das führte nicht selten zu Spannungen mit der eingesessenen Bevölkerung, doch war insgesamt die Integration von Millionen Flüchtlingen und Vertriebenen – bzw. Umsiedlern, wie sie in der DDR hießen – eine große Leistung dieser Jahre. Wie viele es genau waren, ist nicht bekannt. Schätzungen besagen, dass zwischen 12 und 14 Millionen Vertriebene im geteilten Nachkriegsdeutschland eine neue Heimat fanden.

Auf das erste Auto sparten viele der oft in Baracken lebenden Gastarbeiter, weil es ihnen regelmäßige Heimaturlaube ermöglichte.

wir uns besser fernhielten. Wir waren Kinder und saugten auf, was uns die Erwachsenen in ihrer ideologischen Verblendung mitgaben. Mit kindlicher Lust an der Grausamkeit spielten wir uns als »Herrenmenschen« auf. Alles, was uns zu Hause verboten war, alles, was als Sünde verfemt war, hier schien es zulässig. Auch wenn die Furcht vor diesen fremden Männern blieb, riefen wir ihnen doch unflätige Schimpfwörter nach, und die »Mutigsten« unter uns bewarfen sie mit Schneebällen oder Steinen.

Noch heute fällt mir die Erinnerung an die folgende Episode sehr schwer: Ich streifte als etwa Fünfjähriger mit einigen älteren Jungen abends am Zaun des Arbeitslagers entlang. Von der anderen Seite zeigten uns zwei russische Zwangsarbeiter kleine kunstvolle Holzmännchen, die sie geschnitzt hatten, Soldaten mit Helm und Gewehr. Wir entnahmen ihrem gebrochenen Deutsch, dass sie ihre

Figuren gegen Tabak tauschen wollten, und wir liefen weg, berieten uns und brachten ihnen eine Schachtel mit Tabak. Nur dass es kein Tabak war, sondern zerbröseltes trockenes Laub. Ich kann mir kaum vorstellen, dass die beiden Russen unseren Betrug nicht bemerkt haben, doch wir bekamen die Holzsoldaten und losten sie unter uns aus. Dass ich keine der Figuren abbekam, macht meine Schande nicht kleiner.

Nach dem Krieg waren es dann die Vertriebenen aus den ehemaligen deutschen Ostgebieten, die sich in unserer kleinen Stadt ansiedelten und schmerzlich erfahren mussten, wie geschlossen diese neue Lebenswelt war und wie schwer man es hatte, wenn man einen anderen Dialekt sprach, ärmlicher gekleidet war, andere Gerichte kochte und als Zugezogener Anspruch erhob auf knappen Wohnraum und öffentliche Unterstützung. Noch einmal fünfzehn Jahre später wiederholte sich dieser Abwehrreflex, als die ersten »Gastarbeiter« aus Südeuropa eintrafen, zwar eingeladen, um den deutschen Arbeitsmarkt zu entlasten, aber doch nicht als echte Mitbürger erwünscht. Mit ihrem Kommen lösten sich dennoch allmählich die fremdenfeindlichen Verkrampfungen; selbst die kleine Welt meiner Kindheit und Jugend wurde mit der Zeit bunter und offener. Zu diesem Zeitpunkt hatte ich das vertraute Nest schon verlassen und mich an einem anderen Ort angesiedelt, war also selbst in die Fremde gezogen.

Nachkriegskindheit

Nach dem Krieg kamen die Jahre des Aufbaus, und bald kündigte sich die Zeit des »Wirtschaftswunders« an, in der jedermann – auch meine Familie – Hoffnung auf bescheidenen Wohlstand hegte. Es sind die ausgehenden 40er- und beginnenden 50er-Jahre des letzten Jahrhunderts, die mir heute in einem ganz eigentümlichen Licht zu leuchten scheinen.

Wir waren »Knappen«

Noch heute pilgere ich manchmal am Samstagnachmittag »auf Schalke«, um als alt gewordener Kuttenträger meine Fußballmannschaft zu unterstützen. Mir und dem FC Schalke 04 treu zur Seite steht dabei meistens mein jüngerer Bruder, der nicht anders als ich »Blau-Weiß« zu seinen Farben erkoren hat. Es fehlt unser Vater, der uns vor vielen Jahrzehnten mit dieser Leidenschaft für den Fußball im Allgemeinen und die Schalker »Knappen« im Besonderen infiziert hat und der jetzt sicherlich längst vom blau-weißen Fußballhimmel aus die Geschicke unserer Mannschaft dort drunten auf dem grünen Rasen verfolgt.

Als mein Vater aus Krieg und Kriegsgefangenschaft zurückkehrte, wollte er offenbar schnellstens einiges nachholen, was während seiner Abwesenheit in der Erziehung seiner beiden Söhne versäumt worden war. Das Fußballspielen gehörte unbedingt dazu.

Sobald der Vater uns die Grundzüge des Spiels mit dem runden Leder nahegebracht hatte, war Fußball unser Leben. Ältere Spielkameraden konnten meinen Bruder und mich mit gekonnter Technik in ihren Bann schlagen und stachelten unseren Ehrgeiz an.

Wenn es nicht gerade aus Kübeln regnete, trieb es uns an hellen Abenden nach dem Abendessen auf die Straße, meinen Vater, mich und später auch meinen Bruder, und wir kickten dort mit einem zerschlissenen Lederball aus Vorkriegszeiten, übten Hackentrick und Elfmeterschüsse, wurden vom Vater belehrt und gelobt, bis sich meine Mutter irgendwann aus dem Fenster beugte und uns hineinrief, weil längst Schlafenszeit für uns war. Unser Spielfeld war selbstverständlich die gepflasterte Straße vor unserem Haus – noch gab es dort kaum Verkehr, und nur selten wurden wir durch parkende Wagen behindert. Häufig gesellten sich Nachbarjungen zu uns, auch vereinzelte Erwachsene, und wir spielten dann in Mannschaf-

Rund 60 000 Menschen erlebten das Finale im Berner Wankdorf-Stadion, wo am 4. Juli 1954 dieses Foto entstand.

ten gegeneinander, die Tore durch leere Dosen markiert, mit unseren ältesten Schuhen, ehrgeizig unter großem Körpereinsatz um den Sieg kämpfend.

Zu einem begnadeten Fußballer wuchs ich allerdings nicht heran, nur zu einem ganz passablen Straßenkicker und selbstverständlich zu einem glühenden Anhänger der väterlichen Lieblingsmannschaft aus Gelsenkirchen. Jahre später drohte dann meine fast fanatische Begeisterung für diesen Verein die Freude über die triumphale Wiederauferstehung des deutschen Fußballs auf internationaler Bühne zu trüben. Als sich die Nationalmannschaft unter Sepp Herberger bei der Weltmeisterschaft 1954 in der Schweiz den Weg ins Endspiel erkämpfte, war leider nur ein einziger Schalker Spieler im Kader, Berni Klodt, für unsere Familie seinerzeit ein Fußballgott. Wie konnte Herberger beim Endspiel in Bern gegen Ungarn nur die Fehlentscheidung treffen, nicht Klodt als Stürmer aufzustellen, sondern seinen Konkurrenten Helmut Rahn, der überdies ausgerechnet für Rot-Weiß Essen spielte?

Nein, ich war nicht gut auf den Bundestrainer zu sprechen, als das Endspiel am 4. Juli 1954 angepfiffen wurde. Aber aufgeregt war ich, denn natürlich war ich wie alle anderen vom Meisterschaftsfieber angesteckt. Außerdem durfte ich mit meinen fast 15 Jahren das Spiel live im Bild erleben, an der Seite meines Vaters, dicht gedrängt mit vielen anderen vor einem kleinen Schwarz-Weiß-Fernseher, der im Vereinssaal der Gastwirtschaft Cordes speziell zu diesem Anlass aufgestellt worden war. Das waren gleich mehrere Premieren für mich: das Endspiel, das Fernsehen und das Gefühl, als »Erwachsener« in diese Gemeinschaft von Fußballbegeisterten aufgenommen zu sein – die Jüngeren mussten derweil draußen bleiben und kickten das Spiel auf der Straße nach.

Schließlich spielte es überhaupt keine Rolle mehr, dass Helmut Rahn dem falschen Verein angehörte, als er am Ende das entscheidende Tor schoss und das »Wunder von Bern« Wirklichkeit wurde. Deutschland war Weltmeister, »wir« waren Weltmeister, und was zählten da noch kleinliche Vereinsrivalitäten?

Obwohl ich durchaus lernbegierig war, bot der Schulweg doch stets auch viele spannende Entdeckungen und Ablenkungen.

Schullust und Schulfrust

Moderne Schulgebäude wirken hell, licht und freundlich. Sie versuchen nicht, die jungen Menschen einzuschüchtern, die sich dort täglich zur festgesetzten Uhrzeit einfinden, zeigen viel Glas und Farbe. Ganz anders die Trutzburg, in die ich 1946 eingeschult wurde: ein dunkler Backsteinbau aus der Kaiserzeit, mit einem Uhrturm auf dem Dach und einer hohen Treppe, die zum spitzgiebligen Haupteingang führte. »Volksschule« stand darüber. Man kam sich klein vor, wenn man diese Stufen hinaufging, und duckte sich förmlich unter der Last dieser Architektur. Und so war es wohl auch beabsichtigt.

Doch ging ich wirklich gern zur Schule, zumindest in den ersten Jahren. Davon ließ ich mich weder durch das düstere Schulhaus noch durch eine Lehrerschaft abbringen, die damals nur wenige Gedanken an den behutsamen Umgang mit verletzlichen Kinderseelen verschwendete, sondern einen rüden Kasernenhofton pflegte. Es war die Zeit nach dem Zweiten Weltkrieg, und wenn auch die übelsten Nazis aus dem Schuldienst entfernt worden waren, so blieben doch die anderen Lehrkräfte, meistens zumindest, ganz auf Disziplin und Gehorsam als oberstes Lernziel ausgerichtet. Das fing schon vor Unterrichtsbeginn an: Wir mussten uns auf dem Schulhof versammeln, um

Mein Wunsch, lesen zu lernen, speiste sich vor allem aus dem Geschichtenschatz meiner Groß-mutter. Hinzu kam noch, dass meine Lieblingscousine Heidrun, die zwei Jahre älter war, schon vor mir lesen konnte. So war sie nicht mehr auf erwachsene Vorleser angewiesen.

dann beim Glockenzeichen geordnet in Zweierreihen in unsere Klassen zu marschieren. Unser Unterricht begann übrigens an mehreren Wochentagen erst nachmittags. Denn das katholische Mädchengymnasium am Ort war ausgebombt worden und hatte in »unserer« Schule sein Ausweichquartier am Vormittag gefunden.

Es war sicher nicht immer leicht, uns im Zaum zu halten; immerhin waren wir mehr als 40 Mädchen und Jungen in einer Klasse, aufgereiht in den fest am Boden verschraubten Holzpulten, die ganz schrundig waren von den vielen Schülergenerationen vor uns, die dort ihre Spuren eingeritzt hatten. Unser kindliches Temperament ist sicherlich kein anderes gewesen als das heutiger Schüler, und doch saßen wir wohl braver, ruhiger und konzentrierter über unseren Schiefertafeln. Denn noch hockten wir Kinder ja nicht stundenlang vor dem Fernseher oder Computer …

Allerdings waren in der Schule auch körperliche Strafen gang und gäbe. Ich nahm es als ganz selbstverständlich hin, dass ich wegen wiederholter Tuschelei mit meinem Banknachbarn zum Lehrerpult von Fräulein Schubert vortreten musste, sie mich die linke Hand öffnen ließ und mir mehrfach mit einem dünnen Rohrstock in die Handfläche schlug. Auch meine Eltern, die sich später viel darauf zugute hielten, ihre Söhne niemals geschlagen zu haben, schwiegen dazu: Lehrer und ihre Methoden stellte man nicht infrage; sie wurden als Autoritätspersonen wahrgenommen, die am besten wussten, was für die Kinder gut ist.

Allerdings war ich als ziemlich braver Junge selten bedroht von solcher körperlicher Züchtigung durch unsere Lehrer. Ich »kloppte« mich nicht mit anderen auf dem Schulhof, ich zog an keinen Mädchenzöpfen, ich warf nur selten mit Schwämmen oder Kreidestücken durch die Klasse. Meinem

Freund Hermann erging es da schon anders. Ihm, den man heute wahrscheinlich als hyperaktives Kind einstufen würde, wurde das ganze Strafregister der damaligen Erziehungsanstalt auferlegt: Schläge und Ohrfeigen, Eckestehen und Nachsitzen und natürlich saftige sinnfreie Strafarbeiten: »Schreibe fünfzigmal *Ich darf nicht laut sein.*«

Warum also ging ich gerne zur Schule? Der wichtigste Grund war, dass ich unbedingt lesen lernen wollte. Ich war ganz versessen darauf, nicht mehr auf meine Mutter und Großmutter angewiesen zu sein, die mir aus *Grimms Märchen* oder *Purzelwind* vorlasen. Endlich in die Schule zu gehen, hieß, das bald selber zu können und nach Herzenslust Märchen und Geschichten zu verschlingen. Tatsächlich wurde ich am Ende das, was man damals eine »Leseratte« nannte. Rohrstock und Nachsitzen hatten allerdings keinen Anteil daran.

Lesestoff

Bevor ich selbst lesen konnte, entführte mich die weiche Stimme meiner Großmutter in die verzauberten Wälder der Märchen und die fantastischen Reiche der Sagen. Oft war sie es, die mir abends am Bett Geschichten erzählte oder vorlas. Mit ihrer großen dramatischen Begabung und ihrem unendlichen Schatz an Anekdoten – »Dönekes«, wie sie es nannte –, Märchen und sonderbaren Begebenheiten

verstand sie sich ganz wunderbar aufs Erzählen. So gut, dass ich auch während der angsterfüllten Zeiten des Bombenkriegs am Abend meine Furcht vergessen konnte und schließlich friedlich einschlummerte.

Zu meinem fünften Geburtstag schenkte sie mir einen kleinen nachtblauen Band, der mein Herz und meine Fantasie im Sturm eroberte und noch auf Jahre hinaus mein Lieblingsbuch bleiben sollte: *Purzelwind*. Für alle, die dieses herrliche Werk von Max Dingler nicht kennengelernt haben: Es ist eine Geschichte von Zauberei und Verwandlung, wie es Kinder und junge Menschen zu allen Zeiten fasziniert hat – bis hin zur Harry-Potter-Welle der Gegenwart.

Meine Ausgabe, die ich bis heute wie einen Schatz gehütet habe, ist

Weil mein Taschengeld den Kauf von Büchern noch lange nicht ermöglichte, übten Bibliotheken bald einen magischen Reiz auf mich aus.

Taschenbücher

Nach dem Krieg war in Deutschland nicht nur das Geld knapp, sondern auch das Papier für die Buchproduktion. Viele Druckereien und Buchbindereien waren zerstört. Im Hause Rowohlt kam man daher auf die Idee, Romane der Weltliteratur auf Zeitungspapier und im Zeitungsformat zu drucken, im Rotationsverfahren. »Rowohlts-Rotations-Romane« hießen diese preiswerten Hefte, abgekürzt »Ro-Ro-Ro«. Als sich nach 1948 die Buchherstellung wieder normalisierte, ging der Rowohlt Verlag nach amerikanischem Vorbild zur Produktion von kleinformatigen Taschenbüchern über – als erster in Deutschland – und behielt für sie die Bezeichnung »rororo« bei. Unter 2 DM kosteten die ersten Ausgaben dieser Reihe, die eine Revolution auf dem deutschen Buchmarkt einleitete. Mehrere Generationen haben seitdem ihre frühen Erfahrungen mit der Weltliteratur über die erschwinglichen rororo-Bände gemacht.

In der DDR wurde der Reclam-Verlag in Leipzig zu *dem* Taschenbuchverlag. Die kleinen Reclam-Heftchen hatte es schon lange vor dem Krieg gegeben, nun kam mit der Teilung Deutschlands auch die Teilung des Verlages. Die »Universalbibliothek« wurde sowohl in Leipzig als auch am neuen Stuttgarter Stammsitz fortgeführt. Im teilenteigneten Leipziger Verlag erschienen nicht nur die Klassiker der Weltliteratur, sondern auch zeitgenössische Werke aus Ost und West.

1943 in Jena erschienen. Sie ist mit zarten, blumigen Illustrationen versehen, die mir aber als Kind völlig gleichgültig geblieben sind. Ich schmückte sie lieber mit meinen eigenen Bildern aus, sobald meine Großmutter fröhlich anstimmte: »Wenn der Wind vom Wald herüberbläst, dann kommt das Männchen durch die Luft angepurzelt« – Purzelwind, die Windelfe, ein Zauberer, der alles Spielzeug, das er mit seinem langen Bart streichelt, lebendig macht. Des Nachts versetzt er die schlafenden Kinder Muckl und Bärbel ins Spielzeugreich. Ich war Muckl, der ältere Bruder, und mit mir kämpfte ein großes Regiment rot-blau uniformierter Bleisoldaten erfolgreich gegen die feindliche Armee, die nicht weniger tapfer als die meine war, aber indiskutable krumme Säbel trug. Kind des Krieges, das ich nun einmal war, liebte ich vor allem diese Kampfszenen, in denen ich als Muckl, hoch zu Ross auf meinem Holzpferd reitend, das Regiment in die Schlacht führte.

Purzelwind war das erste Buch, das ich selbst las, kaum dass ich in der Schule das Abc gelernt hatte. Es fiel mir leicht, denn meine Großmutter hatte es mir so oft vorgelesen, dass ich es fast auswendig konnte. Ebenso erging es mir mit dem großen Hausbuch Grimm'scher Märchen. Doch andere, neue Bücher zu erschließen, war hundertmal mühseliger. Aber ich las, als würde mein Leben davon abhängen.

In meinem ersten Lesealter verschlang ich alles, was meinen Eltern

Der Verleger Heinrich Maria Ledig-Rowohlt (1908–1992) im Jahr 1978 vor einem Regal mit rororo-Taschenbüchern. Mit der Marke rororo machte der Verleger den Rowohlt Verlag zu einem der bekanntesten Verlage Deutschlands.

in unserer kleinen Hausbibliothek altersgerecht erschien. Das war nicht viel – wir waren kein Bildungshaushalt –, und das Wenige war zusammengewürfelt aus den Jugendjahren unterschiedlicher Familienmitglieder. Ich hatte keine Probleme damit, im Gegenteil: Ich las mit Begeisterung den üblen Kolonialroman *Carl Peters erobert Ostafrika* und lebte auch darin kindliche Kriegsfantasien aus, von denen ich mich erst viel später freimachen sollte. Seltsamerweise versenkte ich mich andererseits mit großer Lust auch in verzopfte Mädchenbücher aus dem Bestand meiner Mutter oder einer Cousine, eine Leidenschaft, die ich vor meinen Freunden strikt geheim halten musste. Wie hätten sie mich noch respektieren sollen, wenn sie erfahren hätten, dass mir bei *Nesthäkchens erster Schultag* oder *Försters Pucki* das Herz aufging?

Meinem Lesehunger genügten die häuslichen Zufallsfunde und die gelegentlichen Buchgeschenke bald nicht mehr. Ich wurde Stammkunde der örtlichen Leihbibliothek und holte mir für 10 Pfennig Leihgebühr die vielen Bücher, die dort nur auf mich zu warten schienen: *Abenteuer auf fremden Meeren, Die Flusspiraten des Mississippi, Die Abenteuer des Tom Sawyer* und später *Die Schatzinsel, Kampf um Rom, Lederstrumpf* und die zahlreichen Bücher von Karl May oder Enid Blyton.

Meine Eltern hätten also zufrieden sein können – ein lesehungriger Sohn mit größtem Drang zum Kulturgut Buch. Doch nein, sie hielten es für eine bedenkliche Sucht, eine Art Krankheit, von der ich befallen war, und sie erlegten mir Regeln auf, versuchten, meine Lesezeit zu beschränken, so wie man später die Fernsehzeiten der Kinder als Erziehungsmaßnahme begrenzen würde und heute über die Gefährdung durch Computerspiele diskutiert. Ich habe mich damals wacker gegen diese Zumutungen verwehrt – nachts mit der Taschenlampe unter der Bettdecke.

Hurra, wir leben noch!

Meine Familie liebte es, die Feste zu feiern, wie sie fielen. Jeder Anlass war gut genug, um Onkel und Tanten, Nichten und Neffen, Vettern und Cousinen zur fröhlichen Runde einzuladen, nicht nur zu den Geburtstagen, sondern auch (in katholischer Tradition) an Namenstagen, zu Karneval, am Silvesterabend und selbstverständlich zu jeder Hochzeit und Erstkommunion im Familienkreis.

Das war selbst in den mageren Nachkriegsjahren nicht anders, wenn jetzt auch die Wunden des verlorenen Krieges und die Entbehrungen jener Zeit die Feierstimmung hätten trüben können: Noch waren nicht sämtliche Männer aus der Kriegsgefangenschaft zurückgekehrt, einige Familienmitglieder waren ausgebombt, mein Onkel

Karl hatte an der Ostfront einen Arm verloren und quälte sich mit einer schlecht angepassten Prothese, die Entnazifizierung verunsicherte viele, wir alle waren unterernährt. Für das übliche Festgelage fehlte es bis auf Weiteres an Ess- und Trinkbarem, doch ganz leer blieb der Tisch auch in den schlechtesten Jahren nicht – Geschenke und Mitbringsel trugen das Ihre dazu bei. So begrüßte die Familienrunde freudig Onkel Rudis selbst gebrannten Wacholderschnaps, und auch der »Aufgesetzte« aus Holunder, den meine Oma zu dieser Zeit herstellte, war sehr beliebt. Ich erinnere mich an selbst gekelterte Obstweine, Apfel- und Kirschwein, und vor allem an Eierlikör, denn den bekamen wir Kinder hin und wieder vorgesetzt; zwar nur in fingerhutgroßen Portionen, doch war es tatsächlich richtiger Alkohol …

Dass Not erfinderisch macht, bestätigte sich in den Jahren nach dem Krieg auf vielfältige Weise. Das galt nicht nur für die Beschaffung von Nahrungsmitteln. So konnte beim geselligen Ersatzkaffeekränzchen auch mal Propangas für wohlige Wärme sorgen.

Aus heutiger Sicht erscheint es mir bemerkenswert, dass diese Familienfeiern schon unmittelbar nach dem Krieg in erstaunlich aufgeräumter Stimmung stattfanden. Sicherlich: Die Männer – mein Vater ausgenommen – sprachen sehr viel von ihren Fronterlebnissen, und wir Kinder hörten mit roten Ohren zu. Für uns waren das wilde Abenteuergeschichten. Bei den Frauen war es vor allem das Grauen der Fliegerangriffe und der Bombennächte, das in ihren Erzählungen noch über viele Jahre hinweg fortlebte. Und alle, Frauen wie Männer, senkten fast verschwörerisch die Stimmen, wenn sie von den verflossenen Größen des Naziregimes erzählten und von dem, was irgendwie schiefgelaufen war in den »tausend Jahren«.

Wenn der Krieg also in den Erzählungen unserer Elterngeneration präsent blieb, so nur als Beschwörung des schweren Schicksals, das »wir selbst« erlitten hatten. Ansonsten gab es keinen Blick zurück, keine Befragung der jüngsten Vergangenheit, sondern nur den Blick nach vorn. Das Mantra meiner Mutter lautete seitdem: »Morgen wird alles besser.«

Eines war deutlich spürbar: Sie alle waren einfach froh, diesen Höllensturz überlebt zu haben und einigermaßen heil davongekommen zu sein. Wenn sie es auch so damals nicht sagten, so standen doch ihre Feiern unter dem heimlichen Motto »Hurra, wir leben noch!«

Währungsreform und beginnendes »Wirtschaftswunder« veränderten

Familienfeste waren wunderbar, weil man dort alle Cousins und Cousinen traf und neue Spiele ausprobieren konnte.

dann nicht nur das Angebot an Speisen und Getränken bei unseren Familienfesten, sondern auch die Themen, die dort verhandelt wurden: Während die Frauen jetzt lieblichen Moselwein schlürften und die Männer sich an gutes Dortmunder Pils hielten, ging es um den neuen Bauknecht-Kühlschrank, den wir uns angeschafft hatten, und das hochgerüstete BMW-Motorrad eines Cousins. Unvermittelt waren alle in einen Wettstreit eingetreten: Wer hatte als erster einen Plattenspieler, eine Waschmaschine, ein Auto? Wer hatte das qualitativ bessere Produkt? Wer konnte es sich leisten, in Urlaub zu fahren? Und wer reiste wiederum als Erster ins Ausland? Tatsächlich, es ging aufwärts für uns, und wir redeten gerne darüber. Eine von Krieg und NS-Zeit gebrandmarkte Nation hatte sich als Konsum- und Wohlstandsgesellschaft neu erfunden.

Mein schönstes Weihnachtsfest

Weihnachten war das einzige Fest im Jahr, an dem Besucher in unserem Haus nicht willkommen waren. Unter dem Christbaum waren wir ganz für uns, Mutter, Vater, die Söhne, die Großeltern. Niemand sonst durfte in die heilige Abgeschlossenheit dieses engen Kreises eindringen, war es doch das Hochfest unserer Familie, bei dem wir uns selbst vollkommen genügten.

Meine Mutter, die wahre Hüterin und der Motor unseres Familienlebens, wachte über diese Tradition. Sie setzte alles daran, um uns Kindern die Weihnachtszeit und den Heiligen Abend zu verzaubern, auch in den Jahren der Not. Das Christkind blieb nie aus, da konnten wir sicher sein,

und es fehlten auch niemals die Kerzen, die unsere Kinderaugen zum Leuchten brachten. Und stets gab es unsere geliebten Butterplätzchen. Zu dieser Zeit aus Margarine oder Ersatzfetten gemacht, dufteten sie doch nicht weniger verführerisch, wenn meine Mutter sie in der Vorweihnachtszeit aus dem Backofen zog.

Es brauchte tatsächlich nicht viel, um unsere Herzen zu erwärmen und die erwartungsvolle Vorfreude der Adventswochen und die beglückende Festtagsstimmung der Weihnachtstage entstehen zu lassen: eine beheizte Stube, ein Tannenbaum oder auch nur ein paar Zweige, die brennenden Kerzen, der Spiegelglanz einiger silberner Kugeln, der Weihnachtsteller mit Selbstgebackenem und Nüssen und ein paar schlichte Geschenke, mit denen das Christkind uns bedachte. Natürlich waren nützliche Gaben darunter wie ein selbst gestrickter Pullover, aber immer auch ein Spielzeug oder ein Buch. Etwas Schöneres gab es im ganzen Verlauf eines Jahres nicht, und ich war an einem solchen Heiligen Abend einfach nur glücklich.

In meinen frühen Erinnerungen hat sich ein Weihnachtsfest besonders tief und nachdrücklich verankert: das des Jahres 1946. Es war das Jahr, in dem mein Vater aus der Kriegsgefangenschaft zurückgekehrt war und in dem wir zum ersten Mal wieder als vollständige Familie feiern konnten. Auch nach mehr als 60 Jahren scheint es mir, als sei dies das schönste Weihnachtsfest meines Lebens gewesen.

Meist nahm der Vater die Weihnachtsfotos auf – als wolle er sich dadurch der neuen, friedlichen Realität vergewissern.

Wie um den besonderen Anlass zu feiern, hatte mein Vater einen prächtigen Weihnachtsbaum von einem befreundeten Waldbauern aus dem Sauerland besorgt. Bis zur Decke reichte er, und die paar Kerzen, die sich in jenem schweren Jahr gefunden hatten, müssen an dieser stolzen Fichte wohl etwas verloren gewirkt haben. Doch das sah ich nicht. Mir gingen Herz und Augen über, als mich am Heiligen Abend der zarte Klang eines Glöckchens ins Wohnzimmer rief, das zu diesem Anlass mit einer Extraschippe Eierkohlen gut beheizt war. Ich blickte zu einem Weihnachtsbaum auf, wie ich ihn noch nie erlebt hatte: erhaben in seiner Größe, feierlich in seinem Lichterglanz. Das Flackern der Kerzen spiegelte sich vielfach in den Christbaumkugeln, die den Krieg gut verwahrt im Keller überlebt hatten, und im Engelshaar der Lamettafäden, die meine Mutter sorgsam aufgebügelt hatte. Dazwischen hingen Strohsterne, und ganz oben, auf der Baumspitze, verkündete ein Engel auf einem Schriftband: »Euch ist heute der Heiland geboren – Fürchtet euch nicht!«

Nein, es gab an diesem Abend für mich keinen Anlass mehr, mich zu fürchten. Der Krieg und die Bombennächte waren vorbei und mein Vater war zurück. Fest hielt er meine Hand, als wir gemeinsam die schönen, alten, Frieden und Freude verheißenden Weihnachtslieder sangen. Für diesen Heiligen Abend mochten die Unbilden jener Zeit draußen vor der Tür bleiben.

Automobile Wunschträume

Als wir aus dem Gröbsten heraus waren, der Tisch zur besonderen Freude meiner Mutter wieder reich beladen war, begann auch unsere kleine Familie vom Glück der Mobilität zu träumen. Mit eigenem Gefährt am Sonntag hinauszufahren zum Strandbad am Stausee, die Oma Agnes im Nordhessischen zu besuchen oder irgendwann zu Ferien an der Adria in den Süden aufzubrechen, das waren verlockende Vorstellungen. Aus dem Fenster unserer Wohnung gelehnt, diskutierten wir die Vor- und Nachteile der vorbeifahrenden Motorroller und Automobile, deren Zahl stetig zunahm, und wir entwickelten uns zu wahren Experten für Goggomobil,

Mopeds wie das DDR-Modell »Schwalbe« (hinten) wurden zu Kultgegenständen, die fest mit jener Zeit verbunden sind.

Ob mit dem Brezelkäfer – auf dem Bild ist das zweigeteilte Heckfenster gut zu erkennen, das ihm den Namen gab – oder mit dem Nachfolgemodell: Eine Alpenüberquerung in Richtung Bella Italia *war der große Traum vieler Deutscher in jenen Jahren.*

Isetta und Lloyd, Heinkel Tourist und Vespa Hoffmann, aber auch für Automodelle, die sich weit jenseits unserer finanziellen Möglichkeiten bewegten, wie etwa den Mercedes 180 oder die Borgward Isabella.

Ich erfuhr, dass meine Eltern schon in der Nazizeit auf einen »KdF-Wagen«, den späteren VW-Käfer, gespart hatten, doch waren ihre Anzahlungen auf die Wunschkarosse mit der Umstellung der Wirtschaft auf Kriegsbedarf verloren – so wie die der 330 000 anderen Deutschen, die brav die zahlreichen Wertmarken für 5 RM das Stück erworben und auf ihre »Kraft durch Freude«-Sparkarte geklebt hatten. Jetzt knatterten die Volkswagen mit ihrem lustigen Brezelfenster an unserem Haus vorbei, und mein Vater blickte ihnen in der Gewissheit nach, über kurz oder lang selbst am Steuer seines eigenen zu sitzen. Weiß sollte er sein. Tatsächlich würde das erste Auto unserer Familie ein Käfer sein,

aber das war erst Jahre später, als es auch die »Brezel« im Heckfenster schon lange nicht mehr gab.

Vorerst reichte unser bescheidener neuer Wohlstand noch nicht aus, um ein vierrädriges Kraftfahrzeug zu kaufen und zu unterhalten, sei es neu oder gebraucht. Dasselbe galt für die »Käseglocke«, den dreirädrigen Messerschmitt-Kabinenroller, den ich für seine unglaublich windschnittige Form und seine kesse Plexiglaskuppel bewunderte. Auch für ihn reichte das Geld nicht – doch mit seinen zwei hintereinander liegenden Sitzen war er sowieso kein Familienfahrzeug, mit dem wir zu viert hätten auf Reisen gehen können …

Aber ganz ging die Motorisierungswelle nicht an uns vorbei. An einem windigen Frühlingsabend des Jahres 1955 bog mein Vater mit einem eleganten Motorroller in unsere Straße ein, von der ganzen Familie und der versammelten Nachbarschaft erwartet.

Die kaum gebrauchte Zündapp Bella hatte er einem Bekannten abgekauft, der sich für ein »Dach über dem Kopf« entschieden und ein Auto angeschafft hatte. Meine Mutter musste als erste auf den Soziussitz aufsteigen und – fest an meinen glücklichen Vater geklammert – mit ihm eine Runde um den Block fahren. Dann war ich an der Reihe, und jetzt wollten wir beiden technikverrückten Männer erst einmal wissen, was aus dem neuen Stolz der Familie herauszuholen war. 80 Stundenkilometer waren es, mit denen wir durch die Stadt brausten – noch erlaubte es die Straßenverkehrsordnung.

Natürlich war die Zündapp nicht für Familienausflüge geeignet – die mussten weiter mit Bus, Bahn oder Fahrrad gemacht werden. Mit dem Motorroller fuhr mein Vater zur Arbeit. Aber es gab oft Gelegenheiten, ihn zu begleiten, und irgendwann vertraute er mir dann unsere »Bella« auch leihweise an, damit ich meine Freundin damit abholen (und beeindrucken) konnte. Der Roller war übrigens »lidogrün«, mit hellen Sitzen, und er war tatsächlich so schön, wie der Markenname es andeutet. Vielleicht nicht ganz so elegant wie die italienische Urmutter der Motorroller, die Vespa, aber auch unser Gefährt aus dem Zündapp-Werk in Nürnberg ließ uns vom Süden träumen, von *dolce vita* und zukünftigen Urlaubsreisen in die Ferne.

Pitty, Wiesel und Schwalbe

Während der westdeutsche Markt für Motorroller in den 50er-Jahren von Zündapp, NSU, Triumph und Heinkel beherrscht wurde, machte die DDR den VEB Industriewerke Ludwigsfelde (IWL) zum Zentrum der Rollerproduktion. Von hier wurde seit Anfang 1955 der erste Motorroller unter dem merkwürdigen Namen »Pitty« ausgeliefert, mit einem MZ-Motor, Fußschaltung, 123 cm^3 Hubraum und einer Höchstgeschwindigkeit von 65 km/h. Nachfolgemodelle waren dann ab 1956 der Stadtroller SR 56 »Wiesel« mit einer neuen Karosserie und ab 1959 der SR 59 »Berlin«, der mehr als 80 km/h Höchstgeschwindig-keit erreichte. Das letzte Modell aus Ludwigsfelde war dann der »Troll 1« mit vielen Bauteilen aus dem Motorradwerk Zschopau. 1964 wurde die Rollerproduktion in Ludwigsfelde eingestellt.

Wesentlich länger wurden Motorroller bei Simson in Suhl produziert. Die legendäre »Schwalbe«, ein Kleinroller mit 50-cm^3-Zweitaktmotor und einer Spitzengeschwindigkeit von 60 km/h, flog zum ersten Mal im Jahr 1964. In verschiedenen Versionen wurde sie bis 1986 in hohen Stückzahlen ausgeliefert. Insgesamt wurden in Suhl bis zur Wende etwa 5 Millionen Kleinkrafträder hergestellt. 2002 musste die Firma nach einer langen, wechselvollen Geschichte Insolvenz anmelden.

Meine wilden 50er

Irgendwann muss ich es leid gewesen sein, ein ziemlich braver und schüchterner Junge zu sein. Jahrelang hatte ich mich widerspruchslos gefügt, wenn mein Vater mir die »Schundhefte« verbot, also Comics wie *Micky Maus* oder *Akim.* Auch die angesagten *Jerry-Cotton*-Krimihefte las ich nur heimlich, hinter dem Rücken meiner Eltern. Kinofilme, Bücher, der »Umgang« mit bestimmten Leuten – es gab für mich und meinen Bruder viele verbotene Früchte. Murrend, aber gehorsam nahm ich es hin, bis ich in den Irrungen und Wirrungen des Erwachsenwerdens auch die innere Statik unserer kleinen Familie eine Zeit lang aus dem Lot und die Tütenlampen neben der »altdeutsch«-rustikalen Sofagarnitur zum Beben brachte.

Ein bisschen halbstark

Mit 16 verschob sich meine Welt. Hatte ich bis dahin meinen Musikgeschmack noch ganz an dem der Eltern ausgerichtet und am Abend gemeinsam mit ihnen Schellackplatten gehört, dann die neuartigen Vinylscheiben, Rudi Schurickes *Capri-Fischer* oder *Blaue Nacht am Hafen* von Lale Andersen, so war das plötzlich ganz undenkbar geworden. Wir hatten et-

Musikbox

Das amerikanische Wort *jukebox* setzte sich nicht durch – in Deutschland wurden sie »Musikbox« genannt, die großartigen Automaten aus Chrom und Glas in Cafés, Kneipen und Milchbars, die auf Knopfdruck die gewünschten Schallplatten abspielten. Legendär ist bis heute die Marke Wurlitzer. Für ein oder zwei Groschen konnte man hier die aktuellen Singles hören und hatte außerdem das Vergnügen, die wunderbar präzise Greifautomatik beim Plattenauflegen zu beobachten. Die ersten Musikboxen kamen mit den amerikanischen Besatzungstruppen nach Deutschland, und

sie trugen ihren Teil dazu bei, dass auch die hiesige Jugend von der Rock'n'Roll-Welle erfasst wurde. Sie waren umso wichtiger, als es noch längst nicht in jedem Haushalt einen Plattenspieler gab.

was Besseres entdeckt, meine Freunde und ich: Laute, entfesselte Musik, mitreißende Rhythmen, Klänge, die über den großen Teich gekommen waren.

Wir waren infiziert vom Virus Rock'n'Roll, und unsere Götter hießen jetzt Bill Haley und Chuck Berry, Gene Vincent und kurze Zeit später natürlich Elvis »the Pelvis«. Ihnen richteten wir eine kleine Kultstätte ein, mit Starfotos und Zeitungsausschnitten an den Wänden, im Keller von Richard, den wir jetzt »Richy« nannten. Hier trafen wir uns, fünf oder sechs Jungs, die bisher zusammen gekickt hatten, jetzt aber regelmäßig ihr heidnisches Bacchanal abhielten, vor der ungeheuren Kostbarkeit eines Nordmende-Radios, das uns – uns ganz allein! – bei Richy zur Verfügung stand. Über den Apparat in unserem heimischen Wohnzimmer hingegen hatte mein Vater die ausschließliche Programmhoheit. Stundenlang hörten wir »unsere« Musik zunächst über BFN, den britischen Armeesender, dann auch über den WDR. Chris Howland gab dort den ersten »Plattenjockey«, und er war dabei so unverschämt lässig und schräg, dass wir seinen englischen Akzent nachahmten und zu unserem Gruppencode machten.

Erste Tanzversuche folgten. Auf wenigen Quadratmetern Kellerboden übten wir den Rock'n'Roll oder das, was wir dafür hielten. Freundinnen hatten wir in dieser Zeit allesamt noch nicht, und so tanzten wir Jungs miteinander, ziemlich ungelenk und äußerst widerstrebend, was die Übernahme des

Jeans wurden zum Modeklassiker. Damals hätte keiner gedacht, dass wir sie auch 50 Jahre später noch tragen würden.

Mädchenparts anging. Ich selbst, der sich gegen diese robusten Kameraden nur selten durchsetzen konnte, war meist das Opfer, sodass ich bald darauf, als ich meine erste Freundin zum Tanzen aufforderte, in der »führenden« Männerrolle kläglich versagte.

Und meine Eltern? Für sie waren wir verführt von »amerikanischer Unkultur«. Verdammenswert wie zuvor die Comics oder das Kaugummi war nun die »Negermusik«, wie meine Mutter im alten Nazijargon schimpfte. Aber es ging ja nicht nur um Musik, sondern um einen viel stärkeren Bruch zwischen unseren Generationen. Wir kämpften uns nicht nur an den üblichen pubertären Autoritätsproblemen ab, sondern stellten gleich die ganze Lebensform unserer Eltern in Frage. Zumindest schien *uns* das so, und meinen Eltern ganz gewiss auch.

Ich selbst sah mich als »Rebell« gegen die Spießigkeit des Elternhauses, wenn ich mit »Nietenhosen« und kariertem Hemd durch die Stadt lief, mein Haar mit viel Pomade zum »Entenschwanz« geformt. Notgedrungen bezahlte ich meine »Rebellenkluft« mit selbst verdientem Geld – beim abendlichen Kegelaufstellen steckte ich regelmäßig ein paar Mark ein. Zur Rolle des aufrührerischen Halbstarken gehörte auch die lässige Zigarette im Mundwinkel, und so gewöhnte ich mir gegen das ausdrückliche Verbot des Vaters mühsam das Rauchen an.

Für meine Eltern war das alles Provokation genug, aber waren wir deshalb schon gefährliche und gefährdete Rowdys, Halbstarke mit unbestimmtem Drang zu Randale und Krawall auf den Straßen? In Wirklichkeit war meine eigene kämpferische Haltung eher halbherzig. Ja, ich war ein bisschen »halbstark«, wie meine damaligen Freunde auch, aber in derselben Zeit sang ich auch im Kirchenchor meiner Pfarrei und war an bestimmten Sonntagen, zivil gekleidet, zur Freude meiner geplagten Eltern in Mozarts *Großer Messe in c-Moll* zu hören oder in Bachs *Weihnachtsoratorium*. Halbstarker und Chorknabe, das ging durchaus zusammen. Vielleicht war deshalb auch die Filmfigur, mit der ich mich in jenen Jahren am meisten identifizierte, nicht Horst Buchholz in *Die Halbstarken,* sondern James Dean in … *denn sie wissen nicht, was sie tun:* ein unverstandener, verletzlicher Rebell auf der Suche nach Orientierung, der am Ende durch Liebe erlöst wird. So wünschte ich mir das auch.

Verliebt, verlobt, verheiratet?

Mit Mädchen hatte ich im Sandkasten gespielt, und ich war mit ihnen in die Volksschule gegangen. Danach aber rückten sie in weite Ferne, viel weiter, als die kurze Strecke zwischen dem Jungengymnasium, das ich ein paar Jahre lang besuchte, und dem benachbarten Mädchenlyzeum hätte vermuten lassen. Mädchen, das waren fremde und letztlich uninteressante Wesen. Selbstverständlich blieben sie ausgeschlossen von unseren rauen Jungenspielen, vom Kicken und vom Kriegsspiel auf den Trümmergrundstücken. Bereits in den ersten Schuljahren saßen wir in unterschiedlichen Bankreihen, und auch im sonntäglichen Gottesdienst herrschte noch strikte Geschlechtertrennung.

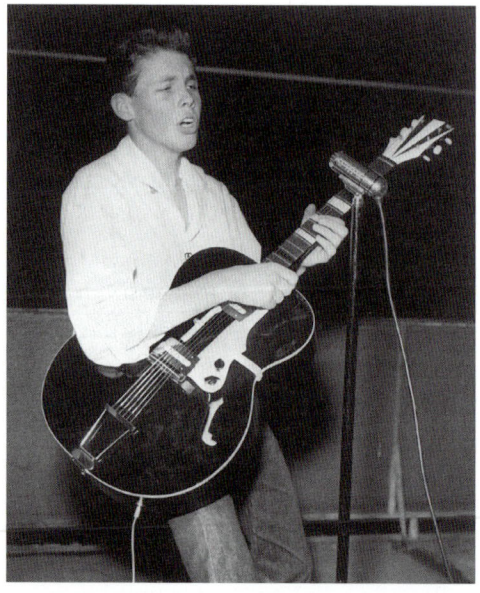

Unser Jahrgangsgenosse Peter Kraus (geboren am 18. März 1939) war der erste wirklich erfolgreiche Rock'n'Roll-Sänger Deutschlands.

Da ich auch keine Schwester hatte, war mir das andere Geschlecht ein großes Geheimnis geblieben, als ich endlich in das Alter kam, in dem man sich für Mädchen zu interessieren beginnt. Außerdem waren sie furchtbar einschüchternd, wenn sie kichernd und plappernd mit ihren wippenden Pferdeschwänzen und schwingenden Petticoats, untergehakt zu zweit oder in Gruppen, an uns Jungs vorbeizogen und uns keines Blickes würdigten. Wie sollte man bloß eine dieser souveränen, schnippischen jungen Damen ansprechen?

Für die Mädchen waren Petticoat und Pony sozusagen das modische Pflichtprogramm. Halbstark waren eigentlich nur die Jungs.

Bald hatte ich mir das übliche männliche Imponiergehabe wie eine zweite Haut übergezogen. Ich trug mit Nietenhosen und Lederjacke die »richtige« Kleidung, ich rauchte amerikanische Zigaretten, ich nahm die etwas verruchte Pose des Halbstarken ein. Aber ein Mädchen anzusprechen war mir trotz alledem nicht möglich, ebenso wenig wie den meisten meiner Freunde, mit denen ich nachmittags oder am Abend ins Café Hofacker zog, das zum Treffpunkt der Rock'n'Roll-Jugend geworden war. Hier warfen wir unsere Groschen in die Musikbox, um die Singles von Chuck Berry oder auch Peter Kraus zu hören, hier machten wir frühe Diskotheken-Erfahrungen, wenn dann und wann zum »Record Hop«-Tanzabend aufgelegt wurde. Doch eines dieser »toffen« Mädchen, die an ihren Milchshakes nippten, zum Tanz auffordern? Da gab es die forschen Jungmänner, die den Horst Buchholz im Kleinstadtformat gaben,

verwegene Rock'n'Roller, die von den Mädchen angehimmelt wurden. Wie hätte ich da mithalten können, als schlechter Tänzer, schüchtern und ohne jede Routine im Flirten?

Es zündete dann an einem anderen Ort und ganz ohne irgendwelche Posen. Mit 17 Jahren hatte ich eine Lehre als Buchhändler aufgenommen, nachdem ich die Schule mit der Mittleren Reife abgeschlossen hatte. Und da stand sie eines Tages vor dem Regal mit den rororo-Taschenbüchern, ein Mädchen, das ich vor vielen Jahren kennengelernt hatte: Irmgard, meine Sandkastenfreundin. Wir hatten uns an diesem Nachmittag viel zu sagen, denn wir liebten beide John Steinbeck und J. D. Salinger und überhaupt die amerikanische Literatur. Meine Zunge war gelöst, und die Verabredung zum ersten Rendezvous fiel nicht schwer. Es reichte dann zwar später nicht zur Verlobung und zur Heirat, aber immerhin: Ein Anfang war gemacht.

Krieg und Frieden

Wir sind in das Kriegsjahr 1939 hineingeboren worden, und das Thema Krieg und Frieden ließ uns nie wieder los. Als Kind erschien mir der Krieg noch wie eine einzige große Heldensaga. Mein Vater, als Soldat an der Front, war natürlich für mich der größte dieser Helden. Auch als der Weltkrieg vorbei war, spielten wir Kinder in den Trümmern weiter »Krieg« und bastelten uns Waffen aus Holzlatten oder Metallrohren. Durch die traumatischen Erfahrungen der Bombennächte hatte ich zwar hautnah die Schrecken des Krieges erlebt, doch verminderte das nicht meine Lust, die Schlachten im Spiel fortzusetzen. Noch lange ahmten wir unsere Soldatenväter nach, dann gruben wir das Kriegsbeil der Indianer aus und kämpften gegen Cowboys, später heizten

die Radionachrichten über den fernen Koreakrieg unsere Schulhofspiele an.

Mit sanftem Druck versuchte mein Vater, meine kindliche Begeisterung für das Kriegsspiel in andere Bahnen zu lenken. Hatte er nach seiner Rückkehr aus der Kriegsgefangenschaft noch sehr rigoros meine Nazi-Spielsoldaten entsorgt, so versuchte er mich danach für harmlosere Spiele und Hobbys zu begeistern, für den Fußball, fürs Sammeln von Briefmarken und Münzen, für den Kirchenchor und für alles, was mit Autos und Motorrädern zu tun hatte.

Als ich 12 oder 13 Jahre alt war und meine Leselust sich nicht mehr auf Abenteuergeschichten beschränkte, stieß ich in der Bücherei auf Erzählungen von Heinrich Böll. Sie gaben mir zu denken, stellten sie doch den Krieg als das dar, was er ist – und als was ihn wohl auch mein Vater erkannt

Es waren die in Büchern gespeicherten Erfahrungen, die mich dazu brachten, auch die große, politische Welt wahrzunehmen. So löste ich mich aus alten Bindungen, entdeckte neue Interessen und fand allmählich meinen eigenen Weg.

Das Motto »Kampf dem Atomtod« verband Demonstrationen in vielen Städten, so auch am 1. Mai 1958 in Frankfurt am Main.

erlebte ich mit jugendlichen 18 Jahren meine politische Feuertaufe: Zum ersten Mal ging ich auf die Straße, um an einer Protest-Demonstration teilzunehmen. Unter dem Motto »Kampf dem Atomtod« versammelten sich im Frühjahr 1958 mehrere Hundert Menschen auf dem Bahnhofsvorplatz und zogen durch unsere Stadt – und ich war dabei, ein wenig ängstlich noch und zögernd, aber doch auch stolz, diesen Schritt aus Überzeugung gemacht zu haben. An diesem Nachmittag war ich wohl – noch bevor ich an einer Wahl teilnehmen durfte – zum mündigen Staatsbürger gereift.

hatte: kein Heldenepos, sondern ein Schlachthaus, in dem alles Menschliche zur Strecke gebracht wird. Ich erinnere mich gut, dass mich der karge Stil und die einfache Moral dieser Erzählungen tief beeindruckt haben, so tief, dass ich bald vieles infrage stellte – etwa die alten Wehrmachts-Sammelbilder, die wir immer noch auf dem Schulhof tauschten.

Als die junge Bundesrepublik im Zeichen des Kalten Krieges die Wiederaufrüstung beschloss, war ich wie mein Vater dagegen. Alles schien auf einen neuen Weltkrieg zuzulaufen, eine atomar ausgetragene Konfrontation zwischen West und Ost, bei dem das geteilte Deutschland unvermeidlich im Brennpunkt stehen würde. Als dann die westdeutsche Regierung auch die nukleare Bewaffnung der Bundeswehr durchsetzen wollte,

Die unerschöpfliche Quelle

Natürlich gäbe es noch unendlich viel mehr zu erzählen: von Schulspeisung und Landheimfahrt, von Rummelplatz und Aufklärung, von Tanzschule und Lehrzeit, Wahlrecht und Wehrdienst. Wir schöpfen den Brunnen unserer Erinnerung niemals aus.

Ich hoffe nun, dass Sie, liebe Leserin und lieber Leser, in diesem Buch mannigfache Anregungen erhalten haben, um sich an die eigene Kindheit und Jugend intensiver und plastischer zu erinnern. Vieles ist verschüttet unter den Sedimenten der späteren Erlebnisse. Legen Sie es frei und erzählen Sie Ihrer Familie und den Freunden Ihre persönlichen Geschichten aus den harten und den schönen Zeiten der prägenden Jahre unseres guten Jahrgangs 1939.

Chronik

1. Januar 1939

In Palo Alto in Kalifornien gründen William Hewlett und David Packard die Firma Hewlett-Packard (HP). Heute ist sie eines der führenden Unternehmen der Computerindustrie.

Im Deutschen Reich tritt die »Namensänderungsverordnung für Juden« in Kraft: Jüdische Männer müssen künftig den zusätzlichen Vornamen Israel annehmen, Frauen den Namen Sara.

30. Januar 1939

In einer Rede vor dem Reichstag droht Hitler für den Fall eines Krieges die Vernichtung des europäischen Judentums an.

2. März 1939

In Rom wird Kardinal Eugenio Pacelli zum neuen Papst gewählt. Er nimmt den Namen Pius XII. an.

16. März 1939

Nach dem deutschen Einmarsch wird tschechisches Gebiet zum »Reichsprotektorat Böhmen und Mähren« erklärt.

23. März 1939

Litauen tritt unter Druck das Memelland, das seit 1923 aufgrund des Versailler Vertrags unter seiner Verwaltung stand, an das Deutsche Reich ab.

28. März 1939

Nach drei Jahren Bürgerkrieg übernehmen die Truppen des Putschistengenerals Francisco Franco kampflos die spanische Hauptstadt Madrid.

7. April 1939

Das faschistische Italien unter Mussolini annektiert Albanien.

30. April 1939

Aufhebung des Mieterschutzes für Juden im Deutschen Reich. Juden müssen ihre Wohnungen verlassen und müssen in sogenannte »Judenhäuser« umziehen.

7. Mai 1939

Zum ersten Mal werden in Deutschland feste Geschwindigkeitsbegrenzungen im Verkehr eingeführt.

9. Juni 1939

Die deutsche Schauspielerin und Sängerin Marlene Dietrich, die 1930 nach Hollywood gegangen war, nimmt die amerikanische Staatsbürgerschaft an.

18. Juni 1939

Im Endspiel um die deutsche Fußballmeisterschaft besiegt der FC Schalke 04 den SK Admira Wien im Olympiastadion in Berlin mit 9:0.

30. Juni 1939

Im Auftrag der NS-Regierung werden in der Schweiz zahlreiche moderne Kunstwerke, die aus deutschen Museen als »entartete Kunst« entfernt wurden, gegen Devisen versteigert.

23. August 1939
Unterzeichnung des deutsch-sowjetischen Nichtangriffspakts in Moskau. In einem geheimen Zusatzprotokoll wird die Aufteilung Polens vereinbart.

27. August 1939
Erster Start eines Düsenflugzeugs. Die Militärmaschine He 178, eine Entwicklung der Heinkel-Werke in Rostock, macht ihren Jungfernflug.

28. August 1939
Einführung von Lebensmittelkarten im Deutschen Reich

1. September 1939
Beginn des Zweiten Weltkriegs mit dem Überfall der deutschen Wehrmacht auf Polen.
Auf den 1. September ist auch ein Schreiben Hitlers rückdatiert, mit dem er das »Euthanasie«-Programm zur Ermordung Behinderter und unheilbar Kranker anordnet.

3. September 1939
Frankreich und Großbritannien erklären Deutschland den Krieg. Winston Churchill tritt als Gegner der bisherigen Appeasement-Politik in das britische Kriegskabinett ein.

5. September 1939
Die USA und Japan erklären ihre Neutralität im europäischen Krieg.

17. September 1939
Sowjetische Truppen marschieren in den östlichen Regionen Polens ein.

23. September 1939
Tod des Wiener Psychologen Sigmund Freud im Exil in London

6. Oktober 1939
Die letzten polnischen Truppen kapitulieren. Damit ist die Annexion Polens durch das Deutsche Reich und die Sowjetunion abgeschlossen. Die polnische Exilregierung trägt diese Kapitulation nicht mit.

4. November 1939
Die USA bleiben zwar neutral, lockern aber ihre Ausfuhrbestimmungen für Waffen zugunsten der alliierten Kriegsteilnehmer.

8. November 1939
Georg Elser verübt ein Sprengstoffattentat auf Hitler im Bürgerbräukeller in München. Hitler entgeht dem Anschlag.

18. November 1939
Zum ersten Mal müssen Juden in Krakau einen »Judenstern« tragen.

30. November 1939
Angriff der Sowjetunion auf das neutrale Finnland

15. Dezember 1939
Uraufführung des Films *Vom Winde verweht* in Atlanta im US-Bundesstaat Georgia.

31. Dezember 1939
Die Wiener Philharmoniker geben ihr erstes Neujahrskonzert.

Über dieses Buch

Der Autor

Günter Heuberg wurde 1939 in einer Kleinstadt am Rande des Ruhrgebiets geboren. Nach der Mittleren Reife und einer Buchhändlerlehre machte er auf dem zweiten Bildungsweg das Abitur und studierte in Bonn und an der Freien Universität Berlin Germanistik und Pädagogik. Er war lange Jahre in verschiedenen Bereichen der Erwachsenenbildung tätig. Günter Heuberg ist Vater von zwei Töchtern und Großvater von drei Enkeln und lebt mit seiner Frau in Essen.

Bildnachweis

dpa picture-alliance: 5 oben links (DB), 5 oben rechts (dpa Königsbronn), 5 unten links (91050/KPA/TopFoto), 5 unten rechts (akg-images), 6 (CTK), 7 (CTK), 8 (akg-images), 9 (akg-images), 10 (dpa), 11 (Erich Lessing), 12 (DB), 13 (dpa Richard Koll), 15 (akg-images), 16 (Anonym), 18 (dpa Königsbronn), 19, 21 (Landov Kimberly White 1723407), 22 (epa), 23, 24 (Schirner Sportfoto), 25 (Schirner Sportfoto), 27 (DB), 28 links (91050/KPA/TopFoto), 28 rechts, 30 (akg-images), 31 (akg-images), 32 (akg-images), 34 (akg-images), 36 (dpa), 37 (dpa), 41 (akg-images), 42 (Wolfgang Hub), 43 (NTB), 44 (Koll), 45 (Horst Ossinger), 46 (akg-images), 47 (akg-images/Gert Schuetz), 49 (Cornelia Gus), 50 (UPI), 52 (Eva Richter), 53 (Heinz Hirndorf), 54, 56 (dpa), 57 (akg-images), 58 (Karl Schnörrer), 59 (Horst Schaefer), 60 (Walter Vogel), 61 (Heinz-Jürgen Göttert) **Privatbesitz:** 33 alle, 35, 38, 39, 51

Impressum

Es ist nicht gestattet, Abbildungen und Texte dieses Buches zu digitalisieren, auf digitale Medien zu speichern oder einzeln oder zusammen mit anderen Bildvorlagen/Texten zu manipulieren, es sei denn mit schriftlicher Genehmigung des Verlages.

Weltbild Buchverlag
–Originalausgaben–
© 2009 Verlagsgruppe Weltbild GmbH, Steinerne Furt, 86167 Augsburg
Alle Rechte vorbehalten

Projektleitung: Gerald Fiebig
Redaktion: Carmen Dollhäubl
Umschlaggestaltung: GROW COMMUNICATIONS Agentur für Werbung und Gestaltung, Augsburg
Umschlagfotos: dpa picture-alliance: Eva Richter (oben links), Tony Vaccaro (oben rechts), 90061 (unten links), akg-images (unten rechts)
Innenlayout: Sabine Müller
Layoutrealisation und Satz: Lydia Kühn
Reproduktion: Point of Media GmbH, Augsburg
Druck und Bindung: Firmengruppe APPL, aprinta druck, Wemding

Gedruckt auf chlorfrei gebleichtem Papier

Printed in the EU

ISBN 978-3-86800-149-5

Kinder des Kri
Friedens · Der
krieg · Neue H
nsüchte · Ende
Nachkriegskind
en 50er · Kinde
nder des Friede
den Weltkrieg
alte Sehnsüchte
beginn · Nachk
eine wilden 50e
ieges, Kinder d
Weg in den We
den und alte S

Kinder des Krie
Friedens · Der W
krieg · Neue He
hnsüchte · Ende
Nachkriegskind
en 50er · Kinde
nder des Friede
den Weltkrieg ·
alte Sehnsüchte
beginn · Nachk
eine wilden 50e
ieges, Kinder d
Weg in den We
den und alte S